이인수 소장의
토지투자 완전정복

3년
3배 오르는
땅투자
투시경

이인수 소장의
토지투자 완전정복

3년
3배 오르는
땅투자
투시경

이인수(코랜드연구소장) 지음

땅투자 고수로 가는 길

부동산 상품에는 여러 가지가 있지만 대부분의 경우 주택 시장을 먼저 떠올린다. 그리고 그 다음으로 임대수입과 시세차익에 역점을 두는 소위 수익형 부동산(상가, 오피스텔, 임대수입 주택 등)을 생각한다. 토지는 그 다음이다. 아마도 이것은 토지투자를 어렵게 생각하기 때문일 것이다.

한의원에 가면 한의사가 혈을 짚어 침을 놓는다. 토지투자 또한 마찬가지다. 토지투자에서 혈은 부동산 법령체계다. 우리나라 토지의 법령체계는 법－시행령－시행규칙 그리고 조례(지자체) 순서로 이루어져 있으며, 시행규칙과 조례 사이에 중앙정부 부서지침(지침, 기준, 예규, 훈령 등)이라는 것이 하나 더 있다. 이중 개발실무에서 중요한 것은 조례와 각종 지침, 기준, 예규, 훈련 등이다.

법의 큰 줄기는 토지공법이라는 게 있다. 전 국토를 대상으로는 하는 법으로 '국토기본법'이 있고, 우리가 가장 많이 접하는 용도지역, 지구, 구역 등과 토지거래허가구역 등에 관한 것은 도시의 계획 및 국토의 이용에 초점을 둔 국토의 계획 및 토지이용에 관한 법률, 수도권 관리・보존・억제에 관한 수도권정비계획법, 도시개발, 재개발 관련한 도시 및 주거환경정비법, 도시개발법, 도시재정비촉진법, 도시계획은 개발제한조치법, 농지에 관해서는 농지법, 농어촌정비법, 산림에 관해서는 산지관리법 등이 있으며, 건축물 공법으로서는 건축법과 주택법 등이 큰 줄기를 이루고 있는 법들이다. 이런 법들의 하위에는 대통령령과 규칙이 존재하며 그 다음 각 지자체 조례가 존재하는 것이다.

수많은 법령은 필요한 전문가들의 몫이지만 "최소한 토지는 국토의 계획 및 토지이용에 관한 법률, 도시재개발은 도시 및 주거환경정비법, 농지는 농지법, 산지는 산지관리법, 건축물은 건축법, 주택은 주택법 정도 등에 의해서 움직인다"는 체계를 알면 어느 법률 아래 토지가 움직인다는 것 정도는 알 수 있으며, 향후 토지 관련 법령 개폐시 토지 시장에 미치는 영향에 대해서도 예측해볼 수가 있다.

토지공법에 대한 이해를 갖추었다면 그 다음으로는 무엇이 있을까?

토지투자의 출발은 정보, 지식, 자금력이다. 흔히 모든 부동산이 그렇듯이 자금만을 전제로 한다면 결국 부동산투자는 요원遙遠할 것이므로 정보, 지식, 자금 중 한 가지만이라도 확실히 갖출 수 있다면 기회는 오기 마련이다.

가령 정보에 대해 이야기를 해보면 웬만한 정보는 이미 언론에서 회자膾炙된 것이므로 특별히 시의적절한 정보는 얻기 힘들 것이고, 또한 자금 또한 한정되어 있으므로 결국 가장 쉽게 접근할 수 있는 것은 전문지식을 습득하는 것이다. 따라서 토지투자를 위해서는 기본적인 전문지식만이라도 갖추기 위해 부단히 노력해야 한다.

그 다음으로는 인연을 소중히 생각하는 마인드가 중요하다. 사람들과 연을 맺고 그 인연이 깊어지고 넓어지면 인맥이라는 틀이 형성되는 것이므로 각 연고별, 직장별, 사회계층별 등으로 온라인, 오프라인 인맥을 갖추기 위해 노력해야 한다.

여기서 그동안 필자가 느꼈던 것은 사람과의 관계를 소중하게 여기면서 비즈니스에 충실하게 임하다 보면 결국 인맥도 자연스럽게 만들어지게 된다는 것이다. 하지만 인맥을 먼저 내세워 일을 추진하다 보면 역효과가 나기 쉽다. 일이 성공한다면 다행이지만 실패했을 경우에는 일과 인맥을 모두 잃게 된다는 것을 유의해야 한다. 항상 비즈니스를 우선적으로 생각하면서 일을 추진하면 실패를 하게 되었을 경우라도 비즈니스로 끝나게 되지만 인간관계를 앞세워 비즈니스를 하게 되면 관계가 훨씬 더 복잡해지기 마련이다.

부동산투자에서는 백문百聞이 불여일견不如一見이고 백문百聞이 불여不如실전實戰이라는 말이 진리다. 따라서 리허설을 해보는 것도 매우 중요하다. 투자할 만한 땅을 찾았다면 공부상 자료를 검토한 후 최소한 2~3회 이상은 답사를 해보아야 한다. 현장을 답사할 때는 공부상 자료(토지이용계획확인서, 지적도, 토지대장 등), 지도, 나침판 등을 준비하도록 한다. 또한 가급적 국도를 이용하면서 거리를 체크하고, 진입로, 토지 모양, 실제 이용형태, 도로접면, 주변 토지의 쓰임새, 시설 등을 확인한 후, 돌아오는 길에는 현지 부동산 한두 곳을 방문하여 시세 등 추가정보를 파악한다. 또 공부상 자료에서 확인해야 할 사항이 있으면 해당 지자체에 들러 확인해보는 것으로 거래 전 단계는 끝난다.

매입에 대한 판단이 서면 중개업자등을 통하여 가격 조정에 들어가는데, 매도자가 제시한 가격이 합당한 가격인지는 인근 토지의 매매 사례, 공시지가, 지가변동률 등을 조사해 판단을 내릴 수 있다. 이러한 데이터를 파악하기 어려운 경우 가장 쉽게 시세를 유추해 내는 방법 가운데 하나는 해당 물건에 대출이 발생되었다면 해당 금융기관의 감정평가액을 알아내는 것이다. 즉 대출금액을 담보물건별 여신비율로(LTV) 나누게 되면 대체적인 감정금액이 나오고, 경우에 따라서는 소유자를 통해 감정서를 열람하여 시세를 유추해볼 수가 있다.

그러나 금융기관의 담보목적 감정서는 보수적인 기준에 의한 평가이므로 미래가치를 반영하지 않는다는 것을 염두에 두어야 한다. 특히, 정형화 되지 않은 물건들은 현 시세와 어느 정도 괴리가 있을 수밖에 없으므로 이는 어디까지나 참고사항에 불과하다는 점을 유의해야 한다. 다만 통상적으로 감정가는 시세의 85~90% 수준이고, 또한 기준시가는 시세의 70~80% 수준이므로 시세 파악에 좋은 자료로 삼을 수 있다.

마지막으로 매매를 한다고 가정해 어떻게 가격 협상을 할 것인지도 생각해야 한다. 매도자가 만약 세금 부담을 매매 가격에 전가轉嫁시키고자 하면 본래 물건 가격이 왜곡돼 매매가 어려워지므로 사전에 세금과 관계없이 매매할 수 있는지를 반드시 확인하여야 한다. 세금 문제로 다운계약을 요구하는 경우라면 매도자가 부담하는 세금만큼 매도자와 매수자가 일정 비율로 양보하여 절충 가격을 찾아내 정상 매매로 계약을 이끌어내는 전략이 필요하다.

　물론 최근 부재지주 중과세로 인하여 세금 문제가 매매에서 가장 큰 걸림돌이 되고 있다. 사업용 토지로 인정받아 매매하게 되면 매매 가격이 다운되어 그만큼 매매계약 성사될 가능성이 높아지지만 사업용 토지로 인정받기 위한 매도자 명의의 건물 신축과 신축 후 토지의무이행기간이 지나야 사업용 토지로 인정받을 수 있으므로 그동안 매수자의 법적 소유권 지위 등이 불안할 수밖에 없다. 따라서 이에 대한 가등기, 가처분 등 법적 절차가 필요하지만 실무상으로는 절차가 복잡하고 대출을 이용할 경우 이러한 법적 절차를 취할 수 없으므로 현실적으로 접근하기란 결코 쉽지 않다.

　결론적으로 세금 문제가 아니라면 가격 협상은 순조로울 것이지만 유리한 가격 협상을 이끌어 내기 위하여 중개업자를 내편으로 만드는 나름대로의 전략도 필요할 것이다.

　최근 필자가 상담했던 사례들을 보면 토지거래허가구역에서 허가를 받기 전 거래나, 종중 대표권이 없는 자와의 거래, 다운계약서로 인한 양도소득세 추징 문제, 개발가치가 없는 기획부동산 물건 구입, 사업용 토지 인정조건 매매거래 등 우리가 흔히 들어본 거래이지만 대부분 신뢰할 만한 토지전문 중개업자 등과 거래하지 않고 전문지식도 없는 상태에서 당사자가 직접 거래를 하면서 일어난 사고들이 많았다.

　따라서 적절한 수수료만 지불하면 얼마든지 전문 중개업자를 활용할 수가 있고, 이것이 아니더라도 인터넷을 잘 활용해 각종 동호회, 온라인 카페를 통해 필요한 지식을 습득할 수가 있으며, 또한 부동산 정보업체 등에서 유·무료 상담을 받아볼 수 있으므로 이용하도록 한다. "건강은 빌릴 수 없지만 지식은 얼마든지 빌릴 수도 있다."라는 격언이 바로 여기에 해당되는 이야기라고 할 수 있다.

그럼에도 불구하고 토지투자를 하기 위해서는 반드시 필요한 지식들과 그에 따른 투자에 대한 이해, 혜안이 필요하다. 우리는 바로 이 기본지식들을 바탕으로 투자역량을 키워나가고자 한다.

토지는 모든 부동산투자의 최고봉이며, 기본 바탕이다. **토지투자를 마스터하면 모든 부동산투자 종목에서 앞서갈 수 있다.** 하지만 토지투자에 대해 가르침을 줄 수 있는 전문가를 만나기란 하늘의 별 따기와도 같은 형국이다. 왜냐하면 토지투자를 섭렵하는 것은 이론적인 지식체계는 물론이거니와 복마전과도 같은 유통시장, 그리고 필수적으로 실전경험을 겸비해야만 하기 때문이다.

그렇다면 그토록 어렵다는 토지투자 역량을 쉽게 습득할 수 있는 묘책이 있을까? 토지투자에 대해 강연을 할 때마다 필자는 늘 검색 알고리즘을 강조하곤 한다. 필자는 늘 검색 키워드(정보수요자)와 태그(정보공급자)가 한 몸으로, 모든 정보를 투자이익으로 실현하기 위해서는 발품 → 손품 → 시간품 → 머리품이라는 4단계가 있다고 강조해왔다.

사실 인터넷 공간에서 아무런 기초도 없이 웹 서핑만으로 공부를 한다는 것은 매우 무모하고 비효율적인 공부 방법이다. 필자도 2008년부터 돈키호테처럼 무모하게 토지투자에 관한 공부를 시작해 현재에 이르렀지만, 너무나도 많은 시간과 노력을 소모할 수밖에 없었음을 인정할 수밖에 없다.

이는 토지의 매도와 매수 관계에서 뿐만 아니라, 매도와 매도, 혹은 매수와 매수, 아니면 입문 투자자 간의 관계에서도 '정보의 비대칭성'이라고 하는 토지투자 이익의 심각한 불균형, 즉 어느 일방이 이익을 보고 다른 쪽이 손해를 보는 투자의 오션(레드-블루-퍼플)을 불러올 수밖에 없기 때문이다.

필자는 제주, 부산, 당진, 평창, 충주, 전주, 청주 등 지방 곳곳에서 찾아오는 투자자들을 보면서 들었던 안타까운 마음에 시간을 쪼개 아카데미 형태의 강의를 진행해왔다. 그러나 아쉽게도 여전히 정보만을 탐하는 이들이 많았는데, 토지투자는 본인이 알고 있는 지식만으론 성공하기 어렵다는 점을 알려주고 싶다. 잘못하면 오히려 더 큰 패착과 투자손실을 감내해야 한다.

그동안 필자는 토지투자에서 "공부는 공부일 뿐 혼자하지 말자."고 강조해왔다. 실전에 더 중요성을 부여하고, 자문을 구할 수 있는 휴먼 네트워킹, 즉 토지투자 멘토링과 '땅이 아닌 사람'에 대한 투자에 집중해야 한다는 의미였다. 지식은 돈을 주고 살 수 있지만 사람은 살 수 없기 때문이다. 마치 과거 중국의 여불위라는 거상이 생각나는 대목이기도 하다.

토지투자에 대한 공부는 우선 방법에 대한 이해와 기초가 선행되어야 한다. 도서관 서고에 어느 줄 어느 열에 찾고자 하는 책이 꽂혀 있는지만 알면 '절반의 투자 성공'을 거둔 것이라 할 수 있다.

현재는 모바일 스마트폰으로 언제 어느 곳에서든지 투자정보와 자료에 접속하여 '자가 종신 학습'을 할 수 있는 기회와 여건이 마련되어 있다. 지식을 암기하거나 보기만 하던 시대는 끝났다. 개념을 이해하고 원리를 학습해야만 남들이 하지 않는 투자의 블루오션, 아니 투자의 퍼플오션을 발굴해 내고 성공할 수 있다.

필자가 운영하는 카페에는 각종 프로그램(토지전용 양도세 계산기, 농지전용 계산기, 토지보상 프로그램 수식, 토지감정평가 프로그램 등등)들 뿐만 아니라 각종 개발정보, 개발도면, 인허가 규제, 세무 정보 외에도 각 지자체, 공공연구소 등에서 발간한 파일 형태의 장서목록이 소개되고 있다. 물론 다 들여다보는 것은 무리다. 각기 본인의 투자종목에 집중해서 섭렵하고 이용하면 된다. 즉 투자전략으로서의 선택과 집중이 필요한 대목이다.

Contents

PART 03 투자하기 전에 먼저 분석하라

PART 06 실전투자 필살기

PART 01

토지투자의 이해와
토지가치 판단

Chapter 1.
왜 우리는 땅에 관심을 갖는가?

마지막 로또, 땅은 배신하지 않는다

'부자가 되기 위한 부동산투자의 첫걸음'은 어디서부터 시작해야 할까? 바로 '땅'이다. 효율적인 토지 이용이 최우선인 시대적 흐름에서 '땅에 투자' 하는 것은 마지막 남은 로또라고 할 수 있다.

부동산투자의 8할은 아파트라고 생각하는 투자자들에게 토지투자는 조금 생소한 영역일 수도 있겠지만 사실 그건 선입견에 불과하다. 실제로 우리 주변에는 어떤 투자 상품보다 '땅'으로 부를 일군 사람들이 많다. 다만 접근하기가 쉽지 않다고 생각해 망설이고 있을 뿐, 토지가 가지고 있는 무한한 가능성에 대해서는 그 누구도 부인하지 않는다. 그러므로 토지투자에 따르는 어려움을 극복할 수만 있다면 반드시 성공 투자자가 될 수 있다.

미국의 서브프라임 모기지 사태 이후 우리나라 또한 부동산 시장이 급격하게 추락했고 많은 자금이 빠져나갔다. 하지만 최근 들어 투자자들의 움직임이 활발해지면서 다시 자금이 유입되기 시작했고, 경매시장이 다시 불붙기 시작했으며, 부동산 시장이 바닥을 찍고 반등할 것이라는 의견이 많아지고 있다.

그렇다면 토지 시장의 경우는 어떠한가?

뭐니 뭐니 해도 토지투자에 대한 매력은 "땅은 투자자들에게 절대 절망감을 안겨주는 일이 없다."는 점일 것이다. 즉 토지투자는 거의 100%의 성공을 보장한다고 믿어왔다. 하지만 그럼에도 불구하고, 무작정 덤벼들었다가는 십중팔구 실패한다. 토지투자는 과학적인 접근과 철저한 분석이 성패를 좌우하기 때문이다.

이제는 많은 사람들이 점점 더 토지투자에 대한 확신을 갖기 시작한 것으로 보이지만 아직 대부분의 사람들은 토지투자를 위해서는 큰 자금이 필요하다고 생각하고 쉽게 투자에 나서지 못한다. 한편으로는 어느 정도의 종자돈이 있어야 하는지 궁금해 하기도 한다.

흔히 토지투자라고 하면 큰돈이 필요하다고 생각하지만 꼭 그렇지만은 않다. 큰돈이 있으면 좋겠지만 적은 돈으로도 얼마든지 투자가 가능하다. 초기 투자에는 평당 30만 원에서 150만 원 정도의 돈으로 300평에서 500평 정도가 무난하다고 본다. 이렇게 볼 때 세금을 감안하더라도 대략 1억 원 정도의 자금만 있으면 투자가 가능하다. 물론, 경매를 통해 취득할 때는 5천만 원 이하로도 접근이 가능하다.

토지에 관심이 있었다면 왜 매입해 놓지 못했을까?

토지투자에 대한 기본적인 상식만 가지고 있었다 해도 그동안 평당 10만 원대에 땅을 매입해놓을 기회는 얼마든지 있었다. 그리고 그런 땅들이 10배, 20배씩 오르는 모습을 우리는 수도 없이 보아왔다. 그러나 그런 지역의 땅을 사 두지 못했다고 해서 낙심할 필요는 없다. 국토 정책의 개발 과정을 숙지하고 국가에서 지원하는 지자체의 도시계획을 정확히 읽고 투자에 나선다면 지금도 성공할 확률은 얼마든지 있다.

사람들은 투자를 하면서 정작 자기 스스로가 분석하는 일을 게을리 하고 현지 중개업자 말만 맹신하는 경우가 많다. 중개업자가 현지 사정에 대해 잘 알고 있는 것은 분명하다. 하지만 그들 또한 정확한 분석과 미래가치로 최고의 물건을 추천하지는 않는다는 사실을 분명히 인식해야 한다. 왜냐하면 그런 매물을 권유해도 투자자들이 선택하지 못하기 때문이다. 따라서 그들은 눈으로 보고 쉽게 결정할 만한 매물을 추천한다.

결과적으로 토지 시장의 트렌드는 가수요자의 흐릿한 잣대로 평가되고 그런 거래 현황이 국토교통부의 토지거래현황으로 통계에 기록된다. 그것이 마치 현 시장의 정직한 흐름인 것처럼 투자 수요를 저울질하고 있는 것이다.

바로 이럴 때 극소수의 투자 고수들은 핵심을 간파하고 노른자위를 먹어치운다. 우리는 같은 투자자이면서도 상위 1%가 대부분의 이익을 삼키는 데 일조하는 하위 레벨에 머물고 있는 것이다.

20:80의 법칙이 존속되도록 하는 어리석은 먹잇감이 되어서는 안 된다. 노력해서 상위그룹으로 진입하든지 아니면 아무것도 하지 않는 것이 오히려 나을 수 있다.

Chapter 2.
땅을 보는 시각을 완전히 바꿔라

토지의 부증성과 '최유효이용'을 활용하라

땅값은 결국 올라가게 되어 있다. 모든 상품의 가격은 수요와 공급에 의해서 결정되는데, 토지도 예외가 아니다. 땅값도 기본적으로 수요, 공급에 의해서 결정된다. 하지만 토지의 공급은 부증성不增性이라는 특성을 가지고 있다. 즉 공급량이 고정되어 있으며 시간이 지나도 늘어나지 않는다. 토지는 생산이 불가능하기 때문이다.

따라서 공급량이 고정되어 있으므로 땅값은 수요에 의해 결정되게 된다. 다시 말하면 수요의 변화가 토지의 가격을 결정하게 된다. 즉 특정 토지에 대한 수요가 증가하면 가격이 상승하고 특정 토지에 대한 수요가 감소하면 가격이 하락한다.

하지만 토지에 대한 수요는 계속 증가하는 것이 현실이다. 따라서 토지의 수요와 공급을 비교해보면 언제나 수요가 공급보다 많다. 우리가 흔히 하는 말로 토지에는 늘 '초과수요'가 존재한다. 그래서 장기적으로 보면 땅값은 계속해

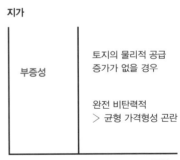

서 상승하게 되어 있다. 물론 단기적으로 가격의 하락이 있을 수는 있지만
말이다.

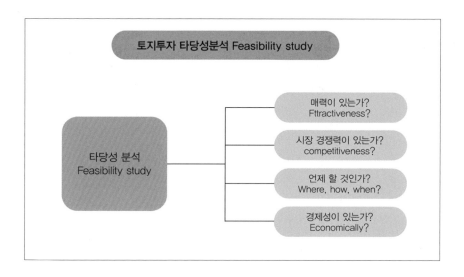

토지에는 안정된 가격이 없다

부동산의 가격은 수요에 의해 결정되고 수요에 따라 공급을 늘리는 게 불
가능하다. 즉 가격이 상승하거나 하락하는 건 유일하게 수요에 따른다. 그
래서 토지에는 '안정된 가격'이 없다.

부동산투자의 포인트는 바로 이 점에 있다. 수요에 따라 값이 등락하기
때문에 수요를 예측하면 가격변화를 예측할 수 있기 때문이다. 즉 수요가
증가될 것으로 예상되는 지역에 투자를 하면 높은 투자수익을 얻을 수 있
는 것이다.

따라서 이미 수요가 충분히 발생해서 가격이 많이 올라 있는 지역은 좋
은 투자대상이라고 할 수 없다. 이런 경우에는 그 주변 지역을 살펴보는 게

좋다. 그 주변 지역은 아직 가격상승이 많지 않을 수 있고, 그럴 경우 시간이 지나면 주변 지역의 토지가격도 올라가게 되어 있기 때문이다. 즉 부동산투자는 타이밍이다.

'부동산의 최유효이용'이라는 개념도 토지의 양이 고정되어 있는 '부증성'에서 비롯된다. '부증성'과 '최유효이용'의 개념에 의해, 토지는 그 용도를 어떻게 결정하느냐에 따라서 가치가 달라진다. 그러므로 토지를 매입할 때는 '이 토지를 어떤 용도로 이용하면 좋을까?' '어떤 용도로 사용하면 토지의 가치가 올라갈까?'를 생각하고 좋은 용도를 찾아내면 높은 투자수익을 올릴 수 있는 것이다.

'부증성'이 통하지 않는 경우는 찾는 사람이 없는 토지에 한한다. 부동산 수요자가 없는 매물이란 뜻이다. 찾는 사람이 드물어 공급은 있되 수요는 적은 경우다. 이런 경우 시간이 흘러 주변 환경이 변해서 토지의 용도나 환경이 바뀌지 않으면 부증성은 통하지 않는다.

한편 부증성에 의해 토지가격이 상승하였지만 물가상승분보다 낮게 상승하였다면 실제 토지의 가치는 하락한 것과 같다. 물가상승분이 연 4%라면 은행 이자율이 이자에 대한 세금을 제하는 것을 감안하여 4.8% 이상 이율을 확보해야 실질가치가 하락되지 않는다는 것과 동일한 이치다.

무엇이 토지의 가치를 결정하는가?

부동산을 분석해보면 두 가지로 이루어져 있다. 즉 토지와 건물이다. 여기서 두 가지에 대한 물건 특성을 살펴보면 전체 큰 그림을 그릴 수 있다.

첫째, 토지는 감가상각이 전혀 되지 않으며, 물가상승률만 반영한다.

둘째, 건물은 감가상각을 받는다.

20년 후 건물 가치가 거의 0이 되는 건물은, 단리로 계산하면 연 −5% 정도의 감가상각을 받으며, 30년 정도 버티는 건물은 연 −3.3% 정도의 감가상각을 받는다. 따라서 우리가 생각하는 부동산이란, 시간이 지날수록 토지가치에 전체 가치가 수렴함을 알 수 있다. 즉 부동산이 노후화 될수록, 그 부동산의 가치는 토지가격에 수렴된다. 즉 오래된 아파트나 빌라 같은 것은, 토지가격이 거의 100%이고 건물가격은 0에 가깝다고 보면 된다. 그래서 노후화된 집은 대지 지분이 점점 더 중요해지는 것이다. 왜냐하면 가치 있는 것은 이제 토지밖에 없기 때문이다.

부동산에서 감가상각과 부가가치 요소가 무엇인지 이제 명확해진다. 부동산에서 감가상각 요소는 바로 건물이며, 요소는 토지이다. 여기에 핵심이 있다. 임대용 부동산을 제외하고 부동산은 스스로 돈을 벌지 않는다.

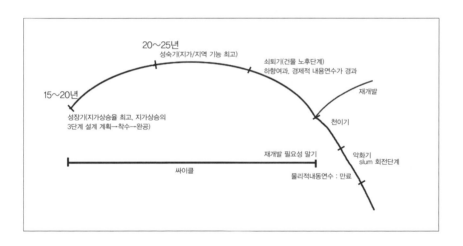

토지투자는 토지의 흙 때문에 매입하는 것이 아니며, 두 개의 토지를 비교할 때 우리가 관심 있는 것은 토지의 물질 성분의 차이가 아니다. 토지에서 유일한 차이란 위치뿐이다. 즉 토지의 가치를 결정하는 것은 위치다. 따라서 부동산 가치의 핵심은 위치가 되는 것이며, 그 위치란 토지로 대변된다. 그러면 토지로 대변되는 위치의 가치는 왜 올라가는 것일까?

두 가지 성분 때문이다.

이 두 가지 성분은 장기적인 성분과 단기적인 성분이 포함되어 있다. (논의를 단순하게 하기 위해서 강이나 산과 같은 자연적인 지리적 이점은 성분에서 제외하였다.)

첫째, 전체 토지가격을 결정짓는 장기적이고도 가장 큰 성분은 경제성장으로 인하여 사용을 위한 지불가격의 상승이다. 즉 위치를 점유하고 이용하는 데 들어가는 지불가격이 경제성장으로 올라가기 때문이다. 경제성장은 모든 토지 이용료를 높이며, 따라서 모든 토지가격을 경제성장률만큼 끌어올린다.

둘째, 단기적 성분이며, 전체에 골고루 영향을 미치지 않고 지엽적으로 영향을 미치는 것으로 바로 세금이다. 세금은 경제성장의 몫으로, 정부가 전국의 위치에 아주 균등하게 사용한다면 토지가격의 분포는 자연적인 지리적 이점만큼만 차이가 발생한다.

그러나 세금은 특정 지역의 인프라 구축을 위해서 불균등하게 사용되며, 특정 지역, 즉 특정 위치의 인프라 구축을 위해서 세금이 사용되면 당연히 그 지역의 위치를 사용하는 대가, 즉 토지가치는 올라가게 된다. 크게 '경제성장률 + 인프라 구축을 위한 세금 사용량', 이 두 가지에 의해 토지가격이 결정되는 것이다.

과거 우리나라는 10%가 넘는 초고도성장을 하였지만, 현재 경제성장률은 4% 수준이고, 인프라 구축을 위한 세금의 집중도에 의해서만 4% 수준에서 플러스 알파로 토지가격은 변할 것이다. 따라서 예측하기로 연 5%~7% 수준(물가상승률 중 높은 수준) 정도로 토지가격이 상승할 것으로 생각된다. 이에 대한 예외는 해당지역에 대한 용적률 차이가 발생하면서 특별 예외가 생긴다. 토지란 2차원적인 단면적 개념이고, 용적률이란 3차원적인 입체적 개념이다.

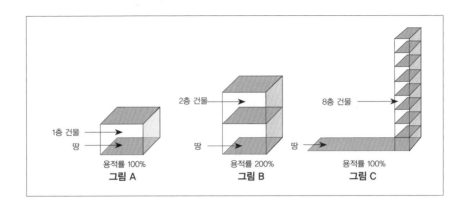

1층 건물
땅
용적률 100%
그림 A

2층 건물
땅
용적률 200%
그림 B

8층 건물
땅
용적률 100%
그림 C

그림 A와 같이 100평인 땅에 100평짜리 1층 건물이 들어서 있으면 용적률이 100%다. 그림 B와 같이 100평인 땅에 100평짜리 2층 건물이 들어서 있으면 용적률이 200%이고, 그림 C처럼 100평인 땅에 12.5평인 건물을 8층으로 올리면, 연면적은 12.5평X8=100평으로 용적률은 100%가 된다. 따라서 그림에 있는 땅을 100평으로 가정한다면 그림 A에 사는 사람은 대지 지분이 100평이 되고, 그림 B에 사는 사람은 대지 지분이 50평 그림 C에 사는 사람은 12.5평이 된다.

그렇다면 용적률이 돈이 되는 이유는 무엇일까?

대지 100평인 땅에 용적률 100%를 적용받아 50평짜리 건물을 지으면 2층짜리 집이 나온다. 똑 같은 땅에 용적률 200%를 적용받아 50평짜리 건물을 지으면 50평짜리 집 4채가, 다시 용적률 300%를 적용받아 50평짜리 건물을 지으면 50평짜리 아파트 6채가 나온다. 처음 땅 주인인 2명의 재건축 조합원이 용적률 300%를 적용 받아 아파트를 새로 짓게 되면, 자기가 거주할 집 이외에 4채가 더 만들어지게 되므로 2채씩 나눠갖든지 팔아서 돈을 만들 수 있을 것이다. 즉 토지를 이용하는 데 1층을 지으면 '토지 면적 = 건물 면적'이란 등식이 대충 성립하고, 토지가격은 오로지 앞에서 언급한 요소에 의해서만 결정이 된다.

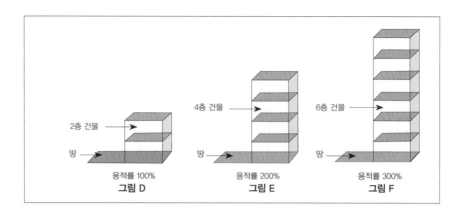

2층 건물
땅
용적률 100%
그림 D

4층 건물
땅
용적률 200%
그림 E

6층 건물
땅
용적률 300%
그림 F

그러나 어떤 지역은 '토지 면적 < 건물 면적'이 성립된다고 하면, 토지의 가치는 보다 뛰게 되며 이것은 건물면적/토지면적(즉 용적률)이 클수록 가치가 올라가게 된다. 토지면적 = 건물면적, 즉 용적률 100% 주택이 나중에 용적률이 200%가 되면, 토지가치가 거의 두 배가 되는 결과를 낳는다.

용도지역에 따른 용적률과 건폐율

용도지역			건폐율	용적률
도시지역	주거지역	제1종 전용주거지역	50% 이하	100% 이하
		제2종 전용주거지역	50% 이하	150% 이하
		제1종 일반주거지역	60% 이하	200% 이하
		제2종 일반주거지역	60% 이하	250% 이하
		제3종 일반주거지역	50% 이하	300% 이하
		준주거지역	70% 이하	500% 이하
	상업지역	중심상업지역	90% 이하	1,500% 이하
		일반상업지역	80% 이하	1,300% 이하
		근린상업지역	70% 이하	900% 이하
		유통상업지역	80% 이하	1,100% 이하
	공업지역	전용공업지역	70% 이하	300% 이하
		일반공업지역	70% 이하	450% 이하
		준공업지역	70% 이하	400% 이하

		보전녹지지역	20% 이하	80% 이하
	녹지지역	생산녹지지역	20% 이하	100% 이하
		자연녹지지역	20% 이하	100% 이하
관리지역		보전관리지역	20% 이하	80% 이하
		생산관리지역	20% 이하	80% 이하
		계획관리지역	40% 이하	100% 이하
농림지역			20% 이하	50~80% 이하
자연환경보전지역			20% 이하	80% 이하

땅을 보는 세 가지 눈

땅값을 결정하는 6가지 요인을 정리하면 다음과 같으며, 결국 입지, 규제, 전망이 땅의 가치를 분석하는 세 가지 핵심 요소라고 할 수 있다.

① 지역과 행정구역
② 입지와 접근성
③ 물리적 현황과 주변 환경
④ 지목, 용도지역 등 공법적 규제
⑤ 땅의 용도와 이용가능성
⑥ 땅값의 전망과 개발가능성의 변화

입지

여기에서 ①번에서 ③번까지는 입지에 해당된다고 할 수 있다.

토지는 지역과 입지에서 출발한다. 토지의 입지론에 있어서는 토지의 지역과 입지를 구별하지 않고 혼용하여 쓴다. 거래대상이 되는 토지가 소재하는 지역이 전국이다 보니 그렇겠지만, 토지에도 같은 개념으로 지역과 입지를 구분해보자.

지역은 넓게는 특별시, 광역시, 도가 되고 좁게는 읍, 면·동, 리나 마을, 아파트 단지 등이 될 것이다. 그러나 통상적으로는 행정구역상의 자치단체 시·군·구 단위를 기준으로 하게 된다. 많은 통계자료와 공법규제는 행정구역을 단위로 한다. 예컨대 외지인의 토지거래허가구역 내에서의 농지, 임야의 구입허가요건은 토지소재지 자치단체 시·군·구에서 6개월간의 주민등록과 거주를 전제로 한다.

2007년도부터 시행된 부재지주의 양도세 60% 중과세도 토지 소재지와 동일 또는 연접한 자치단체 시·군·구에 주민등록 – 거주 여부를 기준으로 한다. 토지 및 주택투기지역도 주로 시·군·구 단위로 지정한다.

통계와 자료정보는 시·군·구 기준으로 작성되고 있다. 개발정보나, 도로개설 접근성, 인구변동 등은 당연히 지역과 밀접한 관련이 있는 것이다. 다음에 입지란 내가 소유하는 혹은 매수하고자 하는 구체적인 땅의 위치를 보는 것이다.

땅의 인접지역은 물론 주변 환경, 도로, 땅이 앉은 방향 등도 입지 개념이다. 토지에 있어서는 지역과 입지가 모든 검토의 출발점이 된다. 따라서 토지투자에 있어서는 그 지역에 대해 잘 알수록 좋다. 현재의 땅값과 주민들의 움직임을 잘 파악할 수 있고, 장래의 개발계획이나 정보를 신속하고 정확하게 입수할 수 있기 때문이다.

입지에서 가장 먼저 보아야 할 요소로는 접근성, 땅의 물리적 현황과 주변 환경 그리고 진입도로 유무를 들 수 있다.

입지분석	▶ 국토계획, 도시계획을 파악해 해당 지역의 발전가능성을 파악한다.
	▶ 도로와 철도 등의 SOC 발전, 3년 이내 완공될 개발호재, 국가 · 지자체 · 공공기관 등 의 튼튼한 시행사를 둔 개발 호재를 파악한다.
	▶ 현재 부동산 정책 및 규제의 방향, 부동산 트렌드, 세금과 대출 등에 관해 파악한다.
	▶ 거래량, 지가상승률, 인허가지수, 착공지수, 인구증가지역, 아파트와 주택, 상가 등 부동산 상승지를 파악한다. 이때 인허가지수, 착공지수는 건축행정시스템 통계자료에서 확인 가능하다.
	▶ 네이버 지도, 다음 지도의 지적편집도 기능을 활용해 용도지역, 개발지역 표시를 보며 입지분석을 할 수 있으니 아낌없이 활용한다.

규제

땅을 보는 두 번째 눈은 거미줄 같은 공법규제에 묶여 있는 토지의 개발 가능성을 보는 것이다.

토지에는 공법상 규제와 거래에 대한 제한이 대단히 많다. 많기만 한 것이 아니라 명쾌하게 잘 알아볼 수도 없다. 토지에는 무수한 공법상 금지와 제한이 거미줄처럼 얽혀 있다. 토지거래는 그래서 힘들고 위험하기조차 하다. 아파트와 상가는 일단 건물이 올라서고 나면 건축법 등 관리상의 문제와 사법상의 권리관계만 주의하면 된다. 건축 당시에 이미 그 부지가 되는 토지에 대한 공법적 검토가 끝나 있기 때문이다.

그러나 토지는 앞으로 어떻게 규제와 용도가 변할지 당장은 예측할 수 없다. 그러한 변동은 오랜 시간이 소요되며 국가나 지방자치단체 그리고 대기업과 민간 개발업자 등의 의지에 좌우되기 때문이다. 그래서 땅에 관하여는 내 토지가 지금 어떠한 용도로 당장 쓸 수 있는 것이며, 앞으로는 어떻게 주변 환경이 변해 규제가 달라지고 결과적으로 다른 용도로 활용되어 갈 것인지를 분석하고 예측하는 능력이 필요한 것이다.

그러나 규제의 해제와 완화를 점치고 예견하는 것은 대단히 어려운 일이다. 대개는 남보다 빨리 정책변경에 대한 정보를 입수하고, 변화의 움직임을 일찍 감지함으로써 남보다 한 걸음 빨리 투자하는 요령이 필요한 것이다.

대체적으로 현재 그린벨트나 군사보호구역의 규제에 묶인 토지는 아무 짝에도 쓸 수 없는 경우가 많다. 그러나 지역과 입지에 따라 이런 지역이 규제에서 해제될 가능성은 언제든지 있다. 이런 것을 미리 예견하여 값이 쌀 때에 투자를 하는 방법도 있는 것이다.

물론 오랜 동안 해제가 될 가능성이 없는 땅도 많다. 특히 팔당호 근처 상수원관리구역인 경우는 해제나 규제가 완화될 가능성이 매우 희박하다. 이러한 땅을 잘못 사는 경우에는 되팔기도 힘들어 원금 회수조차 힘든 불행한 사태가 발생한다. 실제로 개발제한구역에서 규제가 풀린다는 풍문만 듣고, 그린벨트 내의 임야를 비싼 값에 샀다가 해제가 안 된 경우나, 혹은 책임을 지고 지자체의 동의를 받아주겠다는 중개업소의 말만 믿고 군사보호구역 내의 땅을 샀다가 실제로 동의를 못 받아 건축허가가 나지 않음으로써 낭패를 보는 경우가 흔하다.

토지투자에 성공하기 위해서는 먼저 국토 정책의 최전선에 있는 지자체의 「도시기본계획」에 초점을 맞춰야 한다. 도시기본계획의 수립 과정은 인터넷 검색 한 번으로 쉽게 찾을 수 있다. 도시계획이 수립되어 확정되었다면 그 다음은 계획대로 착공되는지 여부다. 계획대로 섹터가 지정되면 기반시설의 설계가 들어간다. 그 모든 공사는 돈을 필요로 하고, 그 돈은 국가에서 일부를 부담하고 지자체와 민간자본으로 조달하는 것이 일반적이다. 그 예산이 편성되지 않으면 개발은 연기된다.

그러나 일반인들은 이런 사실을 잘 알지 못한다. 공무원에게 물어봐도 알려주지 않는다. 그런데 그럴 필요도 없다. 알 수 있는 방법이 있기 때문이다.

투자에 있어 수익률이란 절대적으로 기간과 비례한다. 예산 집행이 빠른 지역이 승부도 빠르다.

국토교통부의 정보마당(법령 정보, 통계 정보)과 해당 지자체의 통계연보와 공지사항(고시/공람)만 열람해도 핵심 정보를 얻을 수 있다. 그리고 지자체의 도시과 등 관련 부서의 자료와 관보 등을 매주 체크하고 예산이 집행되면 '연차보고서'가 게시된다. 해당 개발계획에 관한 「도시관리계획 결정도」, 「시가화예정용지 현황도」, 각종 규제해제토지조서, 도로, 철도의 「지형고시도면」 등 확인 가능한 자료가 목마른 노력파에게는 언제나 문을 열고 기다리고 있다는 것을 명심하자. 목마른 사람이 우물을 파야 한다. 좀 더 빠른 정보나 노하우가 필요하다면 믿음직한 전문가를 내 사람으로 만드는 것도 한 방법이라 하겠다.

전망

토지의 전망에서는 발전 가능성, 개발 가능성과 땅값 상승을 본다. 즉 토지용도의 다양성, 장래성, 발전성이다.

아파트는 대표적인 주거형 건물이고 사용수익을 목적으로 하며 한 채 정도는 대개의 국민이 필수적으로 필요로 한다. 반면에 상가는 대표적인 수익형 건물로서 기본적으로 수익을 목표로 하기 때문에, 투자대비 수익률에 중점을 둔다. 그러나 토지는 이렇게 분명한 주거형도 수익형도 아니다. 토지는 오히려 장래의 개발 및 이용 가능성과 발전성을 본다.

땅은 농사를 짓거나 나무를 심거나 물건을 쌓아놓는 등 있는 그대로 쓰는 경우가 대부분이지만, 새 도로를 내고 그 위에 아파트를 짓고 공장이나 창고를 건설하고 레저단지를 만드는 등 다양한 용도로 쓰게 된다. 세월이 흐르면서 토지 주변 환경이 바뀌게 되면 토지의 용도 또한 점차 다양하게 바뀌게 된다. 이것이 토지가격을 형성하는 가장 큰 요인이라고 볼 수 있으며, 투자가치는 이것에 집중되고 있다고 하여도 과언이 아니다.

토지의 입지를 본다는 것도 개발 가능성 등 땅의 장래 발전성을 보는 것이다. 여기서는 "정부정책과 트렌드 등 토지를 에워싸고 있는 투자 환경에 유의해야 한다." 즉 지역에 있는 토지를 둘러싸고 주변 환경이나 정부정책과 공법규제, 세금정책, 투자자 그리고 그 지역 지방자치단체의 개발방향 등이 토지가격을 형성하는 데 영향력을 행사하고 있는 것이다. 내가 거래하고자 하는 구체적인 토지는 이러한 토지의 투자 환경 속에서 특정 지역 내의 특정 장소에 입지한 하나의 상품이라고 이해하여야 한다.

토지투자를 하려면 기본적으로 이러한 투자 환경을 잘 이해하고 그것들이 상호 어떠한 영향을 미치고 있는지를 알아 둘 필요가 있다. 토지의 가격 상승이란 토지의 장래성과 발전성이며 토지의 장래성은 주로 이러한 주위 환경요소들이 상호작용을 해 나가면서 만들어 내는 것이기 때문이다.

부동산의 여러 가지 상품 중에서 토지만큼 직접적인 국가정책의 영향을 받는 것은 없다. 토지는 다음과 같은 여러 가지 측면에서 정부정책의 영향을 받는다.

① 국가는 토지 보존과 개발에 관한 기본적인 정책을 수립한다.
제4차 국토개발수정계획 등 국토기본법에 의한 토지정책은 토지거래의 큰 틀을 형성한다.

② 국가는 토지에 관한 기본적인 공법규제와 거래규제를 한다.
토지는 국가와 국민의 경제에 커다란 기반이 되고 있기 때문에 토지에 대하여는 민주국가라 할지라도 토지공개념에 입각하여 많은 공법상 규제와 거래규제를 하게 된다.

③ 국가는 토지거래의 세금과 부담금에 대한 정책을 결정한다.
토지를 매매할 때 공법상 규제 못지않게 거래를 제약하는 것은 세금 문

제이다.

토지를 취득할 때 내는 취득세, 등록세부터 보유를 할 때 내는 재산세, 종합부동산세 그리고 양도하고 상속하는 과정에서 내는 양도소득세, 증여세, 상속세 등 모든 토지 관련 세금의 과세 대상과 세율, 감면은 정부가 정책적으로 결정한다. 개발부담금, 농지보전부담금 등 부담금에 대한 부과도 토지거래에 많은 영향을 준다.

④ 정부는 직접 토지의 공급자가 되고 수요자도 된다.

정부는 군사보호구역이나 개발제한구역의 해제 등 규제지역 해제와 기업도시, 혁신도시 등 테마도시를 건설하면서 많은 토지 규제를 풀어서 개발용 토지를 공급한다. 또 반대로 정부와 지자체는 신행정도시, 산업단지, 물류단지, 경제개발구역의 설정 등에 소요되는 많은 토지를 매수하고 수용한다. 토지 수요의 가장 큰손이 되는 셈이다.

⑤ 정부는 각종 국토개발을 추진하며 정보를 제공한다.

도로, 항만, 철도, 비행장 등 굵직한 사회간접자본시설은 정부에 의해 주도되고, 계획되며, 추진된다. 이 과정에서 많은 정보가 쏟아져 나오고 땅값을 몇 차례씩 올리는 부작용을 낳기도 한다. 지금 토지정보에 있어서 가장 큰 부분은 정부와 지방자치단체의 개발뉴스가 아닐 수 없다.

땅에도 종류가 있다

"내 땅이 그냥 '밭'인 줄로만 알았는데 '농업보호구역 밭'이라네요."
서울 종로구 연지동에 사는 A씨. 지난해 말 묵혀뒀던 경기도 남양주 땅을 팔 생각으로 인근 부동산중개업소를 찾았다가 도통 알아듣기 힘든 말만 잔뜩 얻어 들었다.

결론 삼아 중개업자가 하는 말은 "농사밖에 지을 수 없는 땅이라 값도 헐하고, 잘 팔리지도 않는다."는 이야기다. 연신 고개를 갸웃거리는 A 씨의 손엔 '농업보호구역', '토지거래허가구역'이라는 푸른색 글자가 뚜렷이 찍혀 있는 '토지이용계획확인서'이 쥐여져 있었다.

'도대체 우리나라 땅의 종류는 몇 가지고, 왜 같은 동네 논밭인데도 땅값에 차이가 날까?'

땅에 대한 규제가 유달리 엄격한 대한민국 국민이라면 누구나 한번쯤 가져봤을 법한 의문점이다. 특히 토지투자 초보자라면 땅 분류와 관련한 용어에 큰 혼란을 느끼게 된다. 용어가 추상적인데다 각종 토지이용규제 제도와 연계된 탓에 체계도 복잡해서다.

땅의 종류와 가치는 '용도지역' '용도지구' '용도구역' '지목' 등만 제대로 이해하고 있어도 금세 파악할 수 있다.

용도지역

용도지역이란 건폐율, 용적률, 높이 등을 입지별로 제한하기 위해 책정해 놓은 구역을 뜻한다. 용도지역은 △도시지역(주거지역, 상업지역, 공업지역, 녹지지역) △관리지역(보전관리지역, 생산관리지역, 계획관리지역) △농림지역 △자연환경보전구역 등의 4 가지로 나뉜다.

원래는 5가지(도시, 준도시, 준농림, 농림, 자연환경보전)였던 용도지역이 2003년 1월 법이 바뀌면서 종류가 4가지로 축소됐다.

이처럼 땅을 쓰임새와 가치에 따라 4가지 용도지역으로 구분해 놓은 법이 바로 '국토의 계획의 계획 및 이용에 관한 법률'이다. 이 법에 따르면 도시지역은 주거지역, 상업지역, 공업지역, 녹지지역 등으로 구분된다.

이 중에서 주거지역은 △전용주거지역(1~2종) △일반주거지역(1~3 종) △준주거지역으로 다시 나뉜다. 전용주거지역은 다세대, 다가구 등 저층 주택만이 들어설 수 있는 땅을 말한다. 일반주거지역은 편리한 주거환경을 조성하기 위해 지정된 땅으로 아파트가 주로 들어선다. 준주거지역은 주거기능을 주로 하되, 상업적 기능의 보완이 필요한 경우에 지정된다.

상업지역은 △중심상업 △일반상업 △근린상업 △유통상업 등으로, 공업지역은 △전용공업 △일반공업 △준공업 등으로 구분된다.

녹지지역은 △보전녹지 △생산녹지 △자연녹지 등으로 분류되는데 특히, 자연녹지지역에서는 제한적이긴 하지만 개발이 허용돼 땅값이 상대적으로 비싼 편이다.

주로 주거, 상업, 업무 등으로 사용되는 도시지역과는 달리 관리지역은 농업생산, 녹지보전 등의 목적으로 지정된 땅을 말한다. 이 관리지역(옛 준도시·농림지)은 현재 각 지자체별로 △계획관리 △생산관리 △보전관리 등으로 분류하는 작업이 진행 중이다. 계획관리지역에선 제한적으로 개발이 허용되지만 생산·보전관리지역은 엄격하게 개발이 제한된다.

지역(토지)	▶ 지역은 무조건 '토지' ▶ 중복지정 없고 토지 관련 제도 중 가장 중요
지구(건물)	▶ 지구는 무조건 '건물' ▶ 지구규제는 건물 관련 규제
구역(행위)	▶ 구역은 무조건 '행위' ▶ 구역규제는 행위제한이 목적

용도지구·용도구역

땅에는 '용도지역' 외에도 '용도지구' '용도구역'이란 것도 있다. 기본적으로는 용도지역상 용도지구나 용도구역이 중첩돼 지정되는 게 일반적이다.

　'용도지구'란 용도지역 지정을 보완하는 성격이 짙다. 즉 건축물의 용도, 건폐율, 용적률, 높이 등과 관련된 용도지역의 제한을 추가적으로 강화하거나 완화할 필요가 있을 때 용도지구를 추가로 지정한다. 주로 용도지역의 미관, 경관, 안전 등을 강화시킬 필요가 있을 때 별도로 용도지구를 추가 지정한다.

　'용도지구'의 종류로는 경관지구, 미관지구, 고도지구, 방화지구, 방재지구, 보존지구, 시설보호지구, 취락지구, 개발진흥지구, 특정용도제한지구 등이 있다.

　'용도구역'은 특히 이용규제에 초점을 맞춰 용도지역의 지정을 보완한다. 구체적으로는 무질서한 시가지 확산 방지, 계획적인 토지이용, 토지이용의 종합적 관리 등을 위해 정해놓은 지역을 말한다. 이 '용도구역'은 시가화조정구역, 개발제한구역(그린벨트), 수자원보호구역 등으로 구분된다.

　일반적으로 용도지역과 용도지구가 토지이용에 초점을 맞추고 있다면, 용도구역은 토지이용 규제에 초점이 맞춰져 있다. 용도지역과 용도지구는 도시지역 내에 지정되는 경우가 많은 데 비해 용도구역은 도시 주변에 지정될 가능성이 크다. 용도지구·구역의 구체적인 내용은 대부분 각 지방자치단체의 조례에서 규정하게 된다.

지목

　지목은 가장 기초적인 땅의 분류 방법이라고 볼 수 있다. 그렇다면 지목과 용도지역의 차이점은 뭘까?

　우선 지목은 현재의 토지의 쓰임새를 나타내는 성격이 강하다. 또 지목은 특별한 사정이 없는 한 땅주인의 뜻에 따라 변경이 가능하다. 예컨대 임야를 소유하고 있는 사람이 지자체의 허가를 얻으면 대지로 바꿀 수 있다.

반면 정책적 필요에 따라 지정된 용도지역은 땅주인 마음대로 바꾸기가 매우 어렵다. 예를 들어 용도지역상 생산관리지역에 들어선 땅을 계획관리지역으로 쉽게 변경할 수가 없다는 의미다.

용도지역은 행정당국의 행정적 계획 제한 내용을 나타낸다는 점에서 용도지역과 지목은 큰 차이가 있다. 이 때문에 지목보다는 용도구역이 땅의 가치를 결정하는 데 더 중요한 요소라고 보는 전문가들이 많다.

지적법상 지목에는 28가지가 있다.

구체적인 종류로는 대지, 전, 답, 과수원, 목장용지, 임야, 광천지(온천수 나오는 땅), 염전, 공장용지, 주차장, 주유소용지, 창고용지, 도로, 철도용지, 제방, 하천, 구거(인공수로·둑), 유지(저수지), 양어장, 수도용지, 공원, 체육용지, 유원지, 종교용지, 사적지, 묘지, 잡종지 등이 있다.

일반적으로는 건물을 지을 수 있는 땅이냐, 그렇지 않은 땅이냐를 기준으로 대지와 그 이외의 땅으로 구분되기도 한다. 지목을 정할 때는 필지마다 하나의 지목을 설정하는 게 원칙이다.

지목의 종류

지목	용도
전	물을 상시적으로 이용하지 않고 곡물, 약초, 관상수 등의 식물을 주로 재배하는 토지
답	물을 상시적으로 이용여 벼, 연, 미나리, 왕골 등의 식물을 주로 재배하는 토지
과수원	사과, 밤, 배 등 과수류를 집단적으로 지배하는 토지와 이에 접속된 저장고 등
임야	산림 및 원야를 이루고 있는 수림지, 죽림지, 암석지, 자갈땅, 모래땅 등
대	주거, 사무실 등 영구적 건축물과 이에 접속된 부속시설물, 택지조성공사가 준공된 토지
그 외	공장용지, 학교용지, 주차장, 주유소용지, 창고용지, 도로, 철도용지, 제방, 하천, 구거, 유지, 양어장, 수도용지, 공원, 체육공원, 유원지, 종교용지, 사적지, 묘지, 잡종지, 목장용지, 광천지, 염전

용도지역·지구·구역, 지목 간 가격 차이는?

땅값은 그 쓰임새에 따라 결정되는 경향이 짙다. 쓰임새가 많아지면 그만큼 값어치도 올라간다. 땅의 쓰임새란 지을 수 있는 건물의 종류, 건폐율, 용적률 등에 따라 결정된다. 예컨대 용도지역상 도시지역은 관리지역에 비해 건폐율과 용적률이 많이 주어져 건물을 보다 높이 지을 수 있으므로 땅값이 더 비싼 편이다.

같은 용도지역 안에서도 세부 분류에 따라 땅값에 차이가 난다. 일반적으로 아파트 건축이 가능한 도시지역 내 일반주거지역 땅은 저층 주택만 들어설 수 있는 전용주거지역 땅값보다 비싸다.

지목 간에도 땅값 차이가 크다. 땅값 면에서는 대지가격이 다른 27개 지목에 비해 항상 제일 비싸다. 주변 논밭과 비교해 대략 30% 이상 비싸다. 전답을 주택건축이 가능한 대지로 지목을 변경할 경우 ㎡ 당 1만 300원~2만 1900원 정도의 비용이 들어간다. 논밭을 대지로 변경하면 당연히 쓰임새가 많아지면서 땅값이 30~40% 정도 올라간다. 물론 대지가격도 조건에 따라 천차만별이다. 조건이 나쁜 땅은 은행담보능력 등이 떨어져 값이 쌀 수밖에 없다.

이런 대지로는 △위험시설과 인접한 땅 △저지대에 위치한 땅 △폭이 8m 이하인 땅 △진입도로에 2m 이상 접해 있지 않은 땅 △진입로 폭이 4m 이하인 땅 △경사 15 도 이상인 땅 등이 있다. 이런 땅은 쓰임새가 떨어져 가치가 떨어지는 만큼 되도록 투자를 피하는 것이 좋다.

용도지역별 투자성 및 미래가치 분석

공법 용도 분류			투자부적합			평균투자성			투자성 우수			최상
			10	20	30	40	50	60	70	80	90	100
용도지역 21	상업지역	중심상업지역								O	O	O
		일반상업지역				O	O	O				
		근린상업지역				O	O	O				
		유통상업지역			O	O	O					
	주거지역	준주거지역							O	O	O	
		1종일반주거지역							O	O	O	
		2종일반주거지역							O	O	O	
		3종일반주거지역								O	O	O
		1종전용주거지역								O	O	O
		2종전용주거지역								O	O	O
	공업지역	준공업지역				O	O	O				
		일반공업지역			O	O	O					
		전용공업지역			O	O	O					
	녹지지역	자연녹지지역				O	O	O				
		생산녹지지역		O	O	O						
		보전녹지지역	O	O	O							
	관리지역	계획관리지역					O	O	O			
		생산관리지역				O	O	O				
		보전관리지역			O	O	O					
	농림	농림지역	O	O	O							
	보전	자연환경보전지역	O	O	O							
4대 용도구역		개발제한구역	O	O	O							
		도시공원구역	O	O	O							
		시가화조정구역	O	O	O							
		수산자원보호구역			O	O	O					
용도구역		개발진흥지구							O	O	O	
		기타용도지구				O	O	O				
개발용지		지구단위계획							O	O	O	
		특별법개발계획							O	O	O	
농지		진흥농지	O	O	O							
		보호농지		O	O	O						
		일반농지				O	O	O				
임야		공익보전산지	O	O	O							
		임업보전산지	O	O	O							
		준보전산지			O	O	O					

Chapter 3.
토지의 가치를 결정하는 것은 결국 사람

인구와 토지투자의 상관관계

어떤 지역, 어떤 토지에 투자를 할 것인가? 전국을 대상으로 투자할 토지를 찾는 건 효율이 떨어지고, 특정한 한 지역만을 대상으로 하는 것은 위험을 분산한다는 측면에서 바람직하지 않다. 3~5년 뒤에 가치가 상승할 것으로 보이는 지역을 두세 곳 정도 선정해 집중적으로 분석하고, 투자할 토지를 선정하는 게 좋다.

그렇다면 전국에 널려 있는 수많은 땅 중에서 어느 지역을 투자대상으로 선정할 것인가?

부동산의 가치를 상승시키는 세 가지 재료로 흔히 ① 도로의 신설·확장 ② 개발계획 ③ 규제 완화 등을 꼽는다. 우리가 투자대상 지역을 선정할 때에도 물론 위와 같은 세 가지 재료를 고려해야 한다. 하지만 이보다도 더 근본적으로 생각해야 할 것이 있다. 그것이 무엇일까? 그것은 바로 '인구증가'다.

도로가 신설·확장되고, 개발계획이 발표되고, 규제가 완화되면 보통 인구가 유입되지만 반드시 그런 것은 아니다. 지방에서는 위와 같은 재료에도 불구하고 인구가 유입되지 않아 반짝했던 땅값이 결국 그냥 주저

앉고 마는 사례를 여러 곳에서 찾아볼 수 있다. 즉 위와 같은 재료는 단발성 호재일 뿐 장기적으로 지속가능한 재료는 아니다. 장기적으로 계속해서 지가상승을 초래하는 것은 결국 '인구'인 것이다. 인구가 증가되면 결국 도로가 신설·확장되고, 개발계획이 세워지고, 규제도 완화될 수밖에 없다.

그렇다면 최근 전국에서 인구증가세가 두드러지는 지역은 어디일까? 통계청의 국내 인구이동통계를 통해 최근 5년간 시·군·구별 기준 인구순유입자수(전입에서 전출인구를 뺀 것)가 많은 지역을 살펴보면 세종시(14만 6,702명)를 제외하면 모두 수도권에 속해 있다. 화성시가 11만 2,160명으로 가장 많았고, 김포시(9만 9,758명), 인천광역시(6만 9,799명), 남양주시(6만 6,927명), 하남시(6만 6,229명) 순이었다.(2017년 5월 기준)

그렇다면 이 지역의 인구는 왜 증가했을까? 인구가 늘어난 지역을 살펴보면 몇 가지 공통점이 있다. 우선 최근 신규택지개발이 활발하게 이뤄진 지역이란 점이다. 세종시(행정중심복합도시), 화성(동탄2신도시), 김포(한강신도시), 인천(송도국제도시), 남양주(별내·다산신도시), 하남(미사강변신도시) 등 신도시 개발이 된 곳이다.

두 번째 공통점은 '일자리'다. 즉 직장과 주거지를 가까이 둔 직주 근접 도시구조를 형성하고 있는 것인데, 다만 이들 지역은 2가지 유형으로 구분할 수 있다. 화성, 인천처럼 기업 유치를 통한 자족도시의 면모를 갖추고 있는 지역과 편리한 교통으로 인해 직장이 밀집돼 있는 서울로 출퇴근이 자유로운 김포, 남양주, 하남 등으로 나눌 수 있다.

앞으로 주목해야 할 곳은 어디인가?

　단순히 앞으로 "어느 지역이 좋아진다." "어디로 도로가 생기고, 어디에 개발계획이 세워진다." 등에만 관심을 갖고 그러한 정보를 수집해 투자처를 찾으려고 하면 분석해야 할 대상지역이 너무나 많아진다. 일일이 다 분석을 하기도 어려울 정도로 수많은 계획이 세워지고, 그럴 듯하게 포장돼 언론에 발표가 되고, 언젠가 시공이 되기도 하지만 재정적인 뒷받침이 되지 않아서 또는 정책의 우선순위가 바뀌어서 등의 이유로 무산되거나 축소되는 경우도 많다. 또 결국 완공이 되었더라도 계획만큼 파급효과가 크지 않아서 또는 예상했던 인구유입이 이루어지지 않아서 등의 이유로 기대했던 만큼의 지가상승이 이루어지지 않고, 오히려 자칫하면 상투를 잡아서 그냥 애물단지가 되어버리는 사례를 수도 없이 보아왔다.

이곳저곳에 계획되는 단발성 호재에 편승해 투자처를 찾는 데 관심과 노력을 분산시키는 것보다는 근본적이고 객관적인 시각으로 장기적인 개발축의 변화를 바라보고 확신이 가는 몇몇 곳을 집중분석함으로써 앞으로 5년 뒤에 스포트라이트를 받을 수 있는 곳을 찾아 투자를 해야 한다. 이것이 바로 '과학적 투자' 방법이다.

그렇다면 구체적으로 그러한 곳을 어떻게 찾을 수 있을까? 인구통계와 도시기본계획을 분석하면 된다. 인구통계를 보면 과거의 인구변화 추이를 알 수 있고, 도시기본계획을 보면 앞으로의 인구변화를 예측할 수 있기 때문이다.

이제는 인구가 토지투자의 성패를 가름하는 주요 잣대라는 것에 반대의견을 내놓는 사람은 거의 없을 정도로 널리 알려져 있다. 용도나 지목, 개발호재가 아무리 거창해도 궁극적으로 인구가 모여들지 않고 빠져나가는 지역이라면 실패할 확률이 높다. 반면에 호재가 다소 약하다 하더라도 인구가 지속적으로 늘어나는 지역에 투자하면 성공률은 배가된다.

땅도 하나의 재화이며 상품이다. 사람이 몰리는 곳은 정주 여건을 갖춰야 하고 결국 도시계획을 수립하여 주거지의 택지지구와 학교, 문화생활을 할 수 있는 상업지구와 기업이 들어와 생산 활동을 할 수 있는 산업단지를 조성해야 한다. 따라서 당연히 수요와 공급이 상존한다. 사람이 몰리면 거래가 일어나고 사람과 사람 사이에 돈이 오고 간다. 그러한 곳에서는 모든 재화의 가치가 올라간다. 땅도 마찬가지다. 땅 중의 최고는 상업용지이지만, 상업용지라고 해서 전부가 아니다. 사람이 없는 상업용지는 가치가 없다.

이처럼 인구이동과 변화가 토지 시장에 미치는 영향은 지대하다. 과거에는 대부분의 국민들이 인구가 줄어들 거라는 사실 자체를 생각도 하지 못했기 때문에 토지투자에서도 '인구증가'를 주요 잣대로 꼽는 사람이 거의 없었다. 하지만 이제는 무조건 사두기만 하면 오르는 시대가 아니다.

지역의 굵직한 개발계획만 믿고 이른바 '기획부동산'의 유혹에 현혹돼 상투를 잡힌 사람들이 부지기수다. 바로 인구유입의 중요성을 간과해 투자에 실패한 대표적인 사례일 것이다. 청사진만 요란한 지방 토지투자의 허구성은 인구변화 통계를 확인하는 순간 리스크를 회피할 수 있다.

　　이상에서 살펴보았듯 땅의 가치를 평가하는 데 있어 인구는 용도나 개발호재보다 더 중요한 요인이 된다. 앞으로도 부동산 시장은 인구의 이동과 변화에 따라 희비가 엇갈릴 것으로 보인다.

　　부동산의 가치는 지역발전과 더불어 상승한다.

　　한편, 인구유입력과 도시의 팽창속도 또한 검토해야 한다. 그 지역과 도시가 자체적으로 발전할 수 있는 자생력이 있는지, 지속적인 인구 유입력과 개발호재가 있는지 등을 살펴보아야 한다. 인구집중 흡수요인인 사업, 시설인 관공서, 대기업, 산업체, 공단, 대학교 등과 확정된 대단위 정책사업 및 개발사업이 있는가도 살펴본다. 개발계획의 확실성과 규모, 그 영향력의 강도와 지방 재정자립도 그리고 일자리, 학교 등 도시 자체의 자생력을 가질 수 있도록 받쳐주는 제반 인구집중시설과 인구흡입력이 강력한 경제활동이 도시의 땅값에 많은 영향력을 준다. 지역의 발전 형태가 단순히 관공서 밀집지대나 공장, 학교를 중심으로 한다든지, 아파트주거단지를 중심으로 베드타운화 되어 있다면 발전에 한계가 있을 수밖에 없다. 인구와 토지투자의 상관관계에 대한 자세한 설명은 『토지투자의 보물지도』(이인수 지음)에 자세히 소개하고 있어 여기서는 생략한다.

PART 02

땅값의 비밀

토지가격의 결정 원리

토지가격 판단하기

부동산에는 많은 가격이 있다. 즉 매도인이 보는 가격, 매수인이 보는 가격, 공인중개사가 보는 가격, 감정평가사가 보는 가격, 과세 당국에서 세금을 매기기 위해 보는 가격(공시지가), 실제 매매된 가격, 대출을 받을 때 은행에서 보는 가격 등 다양하다.

바둑의 대명사라고 할 수 있는 이창호 기사는 뛰어난 형세 판단과 집 계산으로 유명했다. 바둑판을 보고 형세를 정확히 파악하고 몇 집이 유리한지 불리한지 곧장 파악할 수 있다면 쉽게 지지 않는다. 부동산도 똑같다. 땅을 보고 그 가치를 정확히 파악할 수 있다면 그는 매우 뛰어난 투자자나 부동산 컨설턴트라고 할 수 있다.

그렇다면 과연 정확하고 빠르게 땅의 가치를 판단할 수 있는 방법은 없을까?

먼저 그 땅 주변에 최근에 지은 건물이 있는지를 본다. 그 건물이 몇 층으로 지어졌고, 각 층의 용도는 무엇인지도 살핀다. 대체로 신축건물의 모습을 보면 이 지역에서 어떤 용도의 건물을 짓는 것이 최선책인지를 개략적으로 알 수 있다. 또 건물을 얼마나 크게 지을 수 있는지도 알 수 있다.

두 번째는 신축건물 1층의 분양가격과 임대가격을 알아본다. 물론 분양이나 임대가 잘되는지도 점검한다. 1층의 분양가격 또는 임대가격을 알면 다른 층의 가격도 쉽게 추산할 수 있다. 2층은 1층 가격의 80%, 지하 1층은 70%, 중간층은 50%를 반영하면 된다. 임대가격은 분양가격으로 환산할 수 있다. 전체를 더해 보면 총 분양가격이 나온다.

다음으로 공사비를 생각해본다. 공사비는 평당 250만 원에서 300만 원을 기준으로 한다. 신축건물의 용적률과 건폐율을 기준으로 그 땅의 연건평과 총 공사비를 계산해본다. 위와 같은 과정이 끝났다면 자연스럽게 땅값을 계산할 수 있다. 즉 땅값을 X, 공사비 등을 Y, 총 분양가격을 Z 라고 한다면, X(땅값) = Z(총 분양가격) − Y(공사비)가 돼야 한다. 총 분양가격은 분양이 100% 완료됐을 때를 가정한 값이다.

이제 땅값을 알아내기 위한 또 한 가지 예를 설명해보도록 하겠다.

전문가가 아니라면 몇 번 방문하는 것으로 투자예상지역의 부동산 시세를 파악하는 건 쉽지 않은 일이다. 따라서 부동산 업자의 말만 듣고 시세보다 싸다고 매입했다가 간혹 낭패를 보기 쉽다.

두 가지 방법으로 얘기해보기로 하자. (일단은 전원주택지 또는 비도시지역의 투자를 강조하여 서술함을 이해하여야 한다.)

■ 비교사례 방법 1

가장 보편적으로 많이 사용하고 있는 방법이다. 어느 지역의 부동산을 답사하였을 때 부동산업자를 통해 답사한 부동산 가격이 평당 50만 원이라고 해보자.

1단계 : 답사 부동산의 간단한 분석

① 서울과의 거리, 소요시간(인근 대도시와의 거리 또는 가장 많은 수요층이 거주하는 도시)

② 간선도로와의 거리 및 접근성(접면도로의 성격, 폭 등)

③ 용도지역(관리 또는 농림 또는 자연환경보전 또는 도시지역)

④ 부동산의 개별 특성(지형, 지질, 일조권, 교통여건, 환경여건, 장점, 단점 등)

⑤ 활용용도(활용용도는 1~3개 정도로 최고 적합, 적합, 어느 정도 적합 등으로 분류)

⑥ 구입하려는 사람들이 해당 부동산을 구입하려는 이유(목적)

위와 같은 간단한 사항을 답사한 후에 메모장에 나름대로 판단해 적어 보자. "이런 사항을 어떻게 판단할 수 있을까?" 하고 생각하겠지만 간추려 적다 보면 누구라도 판단 가능하다. 그리고 위 사항에 대해 답사한 부동산에 대한 판단을 적었다면 그런 자신의 판단에 의구심을 갖지 말아야 한다.

일례로 다음은, 부동산을 구입할 때 가끔 토지를 전혀 모르는 사람에게 구입하려는 부동산을 보여주고 난 뒤에 나눴던 대화다.

"이 땅 어때?"

"뭘 물어보는 거야?"

"이거 사서 주택 또는 상가를 지으려고."

"헉? 여기 좀 외지다."

"경치도 좋고, 집짓고 살면 좋을 것 같은데. 맘에 안 들어?"

"경치는 너무 좋다. 그런데 진입도로도 별로고 좀 무서워."

"뭐가 무섭다고 그래."

10년이 지난 지금도 여전히 기억나는 실제 대화다. 양평군에 전원주택 부지를 개발하여 판매하려고 처음 부동산을 구입했을 때, 땅에 대해 잘 모르는 초보 투자자였던 나와 다른 사람이 나눴던 대화다. 그리고 화려한 파노라마 조망에 반해서 애초 판단을 접고 땅을 매입한 나는 처음이자 마지막으로 쓰라린 참패를 맛보았다. 답사하는 사람들마다 "와~" 하고 감탄을 늘어놓으면서도 막상 매입을 하는 데는 꺼렸기 때문이다.

처음 부동산을 답사했을 때 들었던 간단한 느낌에 따른 초보자의 간단한 분석이 실제로 전문가에게는 최고의 조언이 될 수 있으므로(실제로 신빙성이 가장 높음) 본인의 판단을 의심하지 말라는 것이다.

2단계 : 분석한 부동산과 유사한 지역을 답사하여 가격을 알아보라.

이때 주의할 점은 유사한 지역 2곳 정도를 비교하여 저평가(쉽게 생각하면 마음에 안 드는 지역) 지역 한두 곳, 분석 지역보다 더 좋은 여건을 갖춘 한두 곳을 선정하여 가격을 조사해봐야 한다. 간혹 부동산업자가 추천하는 물건의 가격이 상급 지역의 가격과 별로 차이가 없는 경우도 볼 수 있을 것이다.

이때 지역 선정의 기준은 다음과 같다.

① 1차 기준은 서울과의 거리다. (타 지역의 경우 해당 부동산과 가장 가까운 생활권의 대도시를 기준으로 하면 된다.)

② 2차 기준은 구입하고자 하는 부동산과 어느 정도 개별 여건의 동질성이 있는 지역이어야 한다.

③ 3차 기준은 수요층이 무엇 때문에 구입하는지의 목적성이 맞아야 한다. (주택지를 비교하는데 건축허가를 받기 불가한 농림지역이나 공장용도의 토지를 비교하면 안 된다. 상업지를 구입하려는데 주택지와 비교하여서도 안 된다.)

이때 중요한 점은 판단했다면 믿어야 한다는 것이다. 믿지 않으면 결론은 "도무지 뭐가 뭔지 모르겠네."라는 생각으로 아무런 결정도 할 수 없는 상태가 되고 만다. 혹, 구입하고자 하는 부동산 가격이 시세보다 월등히 저렴하였는데 비교분석을 잘못해서 놓쳤다 하더라도 좋은 경험으로 생각하고 판단기준을 보완하여 한층 수준 있는 전문가의 길로 나가보는 방법도 권하고 싶다. 만약 실수 또는 판단 착오로 기회를 놓쳤다 하더라도 부동산은 주인이 있게 마련이고 내가 주인이 아니었나 보다 하고 미련은 갖지 말아야 한다. 이러한 여유가 실패를 줄이는 방법이 될 수 있다. 하지만 몇 번을 이렇게 하여 기회를 놓쳤다면 자신의 판단에 문제가 있음도 잊으면 안 된다. 이제부터는 작은 노트를 하나 장만하여 답사한 후 위와 같은 방법으로 표를 만들어 비교 분석하고 가격을 체크해보라.

비교사례에 의한 판단기준은 ①체크하고 ②분석하고 ③비교한 데이터에 의한 결과가 쉽게 나올 것이다.

위와 같이 시세를 알아볼 때는 부동산업소를 방문해 정중하게 이런 사실을 얘기하고 부탁하여 조언을 얻기 바란다.

■ 비교사례 방법 2 : 간단한 전화만으로 시세를 알아보고자 할 때

이 방법은 답사한 부동산이 별로 맘에 들지 않거나, 꼭 구입하고자 할 마음이 없다면 시도하지 않기를 바란다. 부동산 시세는 외형적인 ① 호가가 시세로 알려지게 된다. ② 실질적인 거래가와 ③ 급매가격이 있다. 이러한 호가와 실질적인 거래 가격의 차이는 도시지역일수록 차이가 좁고, 비도시지역일수록 차이가 많이 난다고 보아야 한다.

이러한 차이는 수익성과 활용도에 따른 수요와 공급의 법칙에 따라 생겨난다. 수요가 많고 공급이 적으면 차이는 좁아지고, 수요는 적고 공급이 많으면 당연히 차이는 넓어지게 된다. 비도시지역이 후자에 해당된다고 보아야 할 것이다.

부동산은 환금성이 없다고 말하는데, 20년이 넘도록 부동산투자를 업으로 하면서 늘 들었던 생각은 부동산이 환금성이 없다기보다 수요자가 없는 토지가 환금성이 떨어진다고 말하고 싶다. 1차원인 교과서적 원론을 떠나 3차원의 실전에서는 이렇게 얘기하여야 정답일 것이다.

다시 본론으로 들어가서 이러한 ① 호가와 ② 실제 거래가격의 차이를 극복하고 부동산을 구입할 수 있는 방법은 전화를 해서 문의하는 것이다. 조금 치사한 방법이다. 이유에 대해 이해하고 시도하고자 한다면 조금이라도 정중히 중개업소에 문의하기를 바란다.

방법은 구입하고자 하는 부동산의 지번이, 예를 들어 350번지라면 해당 지역 중개업소에 전화해 친척이 350번지를 소유하고 있는데 매도하려면 얼마나 받을 수 있느냐고 묻는 것이다. 필자도 가끔 이런 전화를 받곤 한다. 이때 "얼마면 팔 수 있다"는 대답을 듣고 나면 가끔 황당한 경우도 있을 것이다. 실제로 이러한 질문으로 땅값을 판단한다면 단 한 평의 땅도 구입할 수 없다. 워낙 가격 차이가 많이 나기 때문일 것이다.

부동산은 동일 물건을 같은 날에 구입하고 매도한다고 해도 가격과 매도 가격의 차이가 심하다. 일반인들이 이 차이를 100% 극복하고 부동산을 구입할 수 있는 방법은 거의 없다.

그래서 중개업소에 물어볼 때 간단히 "얼마면 처분할 수 있느냐?"고 묻는 대신 "처분이 급하지는 않은데 잘 받아주시면 수고료를 넉넉히 드릴 테니 어느 정도나 받아주실 수 있나요?"라고 물어야 한다. 다짜고짜 "처분하려면 얼마나 받을 수 있나?"고 물어보면 '혹시나 싸게 살 수 있을까?' 하는 생각에 "거기는 거래도 잘 안 되고 용도도 별로라서 얼마밖에 못 받아요."라는 얘기를 들을 것이다.

이런 말을 듣고 나면 아마도 그 물건을 소개한 부동산이 100% 사기꾼처럼 보일지도 모른다. 어쨌든 요령에 있어 정석은 없다. 기본적인 취지와 이유와 방법을 이해하였다면 이 글을 읽고 실수를 하지 않기를 바란다. 항상 얘기하지만 부동산투자의 함정은 자기 자신에게 있다. 너무 싸게 구입하려는 것도 욕심이다. 욕심이 많으면 모든 부동산업자가 전부 사기꾼으로 보이게 된다.

위와 같은 2가지 방법 중 첫 번째는 필자도 판단이 서지 않을 때 이용하는 방법이다. 적용을 해봐도 좋을 것이다. 다만 시세 판단의 방법보다 더 중요한 것은 업자와 고객 사이에 쌓는 신뢰다. 사람을 믿을 수 없다면 누구의 소개로 누구를 찾아가서 부동산을 구입하겠는가? 부동산은 사람이 움직인 다. 진정한 고수는 토지를 보지 않는다. 사람을 본다. 사람을 보고 부동산에 투자하는 것이 진정한 고객의 투자일 것이다. 땅을 보는 방법을 배우기보다 는 사람이라는 휴머니즘에 기초한 부동산의 필요성을 인식하여 사람과 부 동산의 상관관계를 연구한다면 성공적인 투자로 통하는 길이 열릴 것이다.

시세로 살까? 급매로 살까?

토지투자에서는 실거래가를 정확히 알아야 성공할 수 있다. 일반적으로 호가와 실거래가의 차이는 약 15~20% 정도, 가장 정확한 구입가격의 산출 은 인근 지역, 유사 토지의 거래사례 비교로 판단하여야 한다. 내가 많이 알 아야, 관심을 많이 가져야, 애초에 마음먹었던 목적대로 실패하지 않는 토 지를 구입할 수 있을 것이다. 그 첫째는 '호가와 실거래가의 차이를 알아야 성공한다.'는 것이다.

정부가 정책적으로 주도하는 신도시건설이나 투자가 횡행하는 아파트 지역 등은 거래사례를 비교하는 게 비교적 쉽다. 이러한 도시지역의 부동산 가격은 단기간에 꾸준한 개발로 인하여 지가상승 폭도 넓고 높으며 호가와 실거래가 사이에 가격 차이가 그다지 크지 않다. 계획에 의한 인구유입과 도시성장 속도가 눈에 보이기 때문에 해당 토지의 지가가 어느 정도 상승할 것인지 얼마든지 예측이 가능하다.

하지만 투자 목적이, 여러 가지 패러다임의 변화에서 오는 삶의 질을 충 족시키기 위한 투자라면 그 용도지역이 대부분 관리지역이나 농림지역의 전원주택지 용도의 토지일 것이다. 이러한 용도지역의 토지는 대규모의 개발이 이루어지는 도시개발지역과는 달리 호가와 실거래가의 차이가 다소 많은 차이를 보인다.

둘 사이에 가격 차이가 많이 나는 이유는 간단하다. 그것은 토지가 갖는 개별성이 너무 크기 때문이다. 또한 그 토지의 개발 여부에 따라서도 차이가 많이 난다.

또 한 가지 이러한 토지의 가격을 결정짓는 요인이 있다. 그것은 소득수준이 높아진 국민들의 생활패턴의 변화에 따라 복잡한 도심보다는 전원을 찾는 사람들이 많아지고 있다는 것이다. 또한 각종 법령에 제한사항이 많아 전체적으로 일반 주택과 농가주택, 창고 등 이외에는 건축할 수 있는 유형이 거의 없어서 전원주택지에 대한 수요가 늘면 가격이 오르고 수요가 적어지면 가격이 오르는 것을 멈추고 보합세를 유지하게 된다.

이러한 전원주택지는 개인의 생활패턴과 취향에 따라 선호하는 유형이 여러 형태로 나뉜다. 이 중에서 가장 많은 수요층을 기준하여 ① 강변형 ② 계곡형 ③ 산지전망형 ④ 농촌형으로 순위가 정해진다.

가격이 정해지는 것은 외부 요인(호재, 악재 등 기타 요인)이 반영된 부동산의 거래가 성립되고 그 소문이 퍼져 고정 시세로 자리 잡게 된다. 호재 발표에 따라서 매도인이 가격을 올린다 하여도 실제 거래가 성립되어야 시세로 인정받을 수 있는 것이다. 이렇게 정해지는 거래가격이 가끔 호가에 거래되기도 한다.

그렇다면 시세를 어떻게 실거래가와 호가로 구분할까? 약간 애매한 부분이긴 하지만 조금만 노력을 들인다면 판단이 가능하다.

'호가'와 '실거래가'는 어떤 차이가 있는 것인가? '호가'라는 것은 '실거래가'와 상관없이 토지소유주들이 구입비, 관리비, 경제적 가치, 미래가치를 합해서 부르는 것이다. '실거래가격'은 여기서 구입비, 관리비, 경제적 가치만을 적용하여 산출한 가격으로 보면 된다.

현 상태의 경제적 가치를 넘어선 장래의 미 실현 부분의 경제적 가치까지

적용하여 부동산을 매입한다면 호가에 매입하였다고 보아야 할 것이다. 하지만 호가에 매입하는 것이 반드시 잘못된 투자라고 할 수는 없다. 복잡한 게 싫고 현재 그 위치가 마음에 든다면 그 가격에 매입하면 된다. 단지 장래의 투자 수익률이 줄어들 뿐이다

그 다음으로 토지를 답사한 후 판단하는 적용기준이 몇 가지 있다.

① 시세 원가계산과 경제적 가치를 합산하여 가격을 산정한다.

② 여기서 시세 원가는 인근의 개발되지 않은 토지를 비교 분석하여 추측한다.

③ 실재 평균 거래가격을 기준으로 역산하여 개발비용과 판매수수료 등 기타 비용을 공제한 원가를 계산하여 본다.

④ 현재 부동산경기의 흐름을 반영한다.

어려운 얘기 같지만 이왕 부동산을 구입할 거라면 관심 있는 지역을 많이 다녀봐야 한다. 그리고 현장 분위기를 파악해야 한다. 중개업소를 2, 3개 정도 단골로 만들어 놓고, 건축설계사무실에 가서 인·허가관계도 직접 알아봐야 한다. 인·허가 관청도 직접 가봐야 한다. 단지 돈만 투자하는 투자가 아니라, 내가 직접 거주할 수도 있는 땅을 고르는 것이다. 그 정도 수고하는 것이 귀찮다면 토지에 투자할 생각을 버려야 한다.

땅값은 위치Location의 가격이다. 자주, 많이 다니다 보면 위의 몇 가지 사항이 머릿속으로 계산이 가능하게 된다. 초보자의 경우에도 아주 쉬운 방법이 있다. (100% 적용될 수 있는 것은 아니지만) 관심 지역에서 유사한 토지를 몇 개 답사하여 가격을 들어보면, 높고 낮은 두 개의 가격이 나오게 된다는 것이다.

① 낮은 가격은 부동산을 구입하여 개발비용(매립, 복토, 도로개설, 지상물 철거 등)을 투입해야 하는 토지의 가격을 기준으로 한다. (꾸미지 않은 시골미인)

② 높은 가격은 하나도 손댈 것 없는 개발완료된 토지의 가격을 기준으로 한다. (잘 치장한 서울 미인)

이 중에서 적당한 가격은 두 개 가격의 중간 가격, 즉 실거래 가격으로 보면 된다. 투자나 매입 관심 지역의 토지가 이 가격 이하로 나온다면 그 물건은 급매다. 철저한 권리분석을 한 후 바로 매입하는 것이 좋다.

내 땅의 가치 판독법

다음의 방법에 의해 자신이 소유한 땅의 가격을 산정해볼 수도 있다.

농지 = 인근 대지가격 × 농지효용비율

농지효용비율 : 농업진흥구역 30%, 농업보호구역 40%, 농업진흥지역 외 농지 60%

이것은 간편법으로 계산하는 방식이다. 원래 농지값을 산출하려면 '인근 대지가격 − (농지전용부담금 + 토목공사비) − 인허가 리스크 프리미엄'의 산식으로 해야 한다. 하지만 토목공사비나 인허가 위험에 따른 리스크 프리미엄을 일일이 계산하는 것은 어렵기 때문에 이와 같은 간편 법으로 계산하여 참고할 수 있다.

인근 대지가격은 인근의 전원주택 시세에서 건물 값을 제외하면 된다. 전원주택의 건물 값은 대체적으로 3.3㎡ 당 150만~200만 원 내외면 적당할 것이다. 예를 들어, 인근 전원주택이 대지 660㎡에 건평이 132㎡인데, 시세가 3억 원이라고 하자. 그럼 건물 값은 6,000만 원이므로 토지가격이 2억 4,000만 원이 된다. 즉 토지의 3.3㎡ 당 가격은 120만 원이다.

내 밭이 농업진흥지역 내 농업진흥구역에 있다면 3.3㎡ 당 36만 원, 농업보호구역에 있다면 48만 원, 농업진흥구역 외 지역에 있다면 72만 원이다. 물론 밭의 위치와 진입로, 모양 등에 따라 값이 달라지겠지만 참고할 만하다. 밭이 아니고 논(답)이라면 10% 정도 가격이 떨어진다. 임야는 인근 농지의 절반 수준으로 생각하면 대체적으로 맞다.

▶ 예시 1
농업진흥지역의 농업진흥구역 농지이며 소유주인 매도인은 평당 21만 원을 받고 싶어 한다. 참고로 인근지역에서 유사한 거래사례는 찾을 수 없었고 대상자와 여건이 비슷한 인근지역 전원주택의 대지가격은 평당 81만 원이다. 투자자가 이 농지를 매입하기 위한 투자 상한가격을 제시해보면,

풀이
투자가치 + 인근대지 가격/평 × 효용비율 = 10만 원/평 × 30% = 24만 원/평

▶ 예시 2
대상지의 현황은 농업진흥지역의 농업보호구역 농지 1,000평이며, 소유주인 매도인은 평자당 55만 원을 원하고 중개사가 여건이 비슷한 인근지역 공장부지들이 평단 100만 원에 거래되고 있다며 적극적으로 투자를 권유하고 있다. 참고로 투자자가 확인해본 결과 인근지역에서 유사한 거래사례는 찾을 수 없었고 인근 공장부지가 평간 90 ~ 100만 원 선에 거래되고 있음을 확인했다.
투자자가 이 농지를 매입하기 위한 투자상한가격을 제시해본다면,

풀이
투자가치 + 인근지역 대지가격/평 × 효용비율 + 100만 원/평 × 40% = 40만 원/ 평으로 고평가 되어 있음을 알 수 있다.

토지 매수가격을 추정하는 법

토지 매도자가 얼마에 매수하였는지를 추정할 수 있는 방법에 대해 소개하고자 한다. 필요한 것은 일단 부동산등기부등본 1통. 그것을 보면, '갑구'와 '을구' 난이 있는데, 갑구에는 부동산의 매매일자와 매수인(현재 소유

자)이 적혀 있고, 을구를 보면, '근저당권'이라는 표현과 함께 은행이름, 채권최고액이 적혀 있다.

자, 이제 매수인이 얼마에 토지를 매입했는지 추측해보도록 하자.

예를 들어, 1000㎡짜리 나대지를 부동산 중개사가 평당 46만 원에 매입하라고 제안한다고 가정해보자. 원래는 50, 60만 원이 넘는 땅인데, 급매로 나온 것이라 저렴한 것이라거나, 땅 주인이 갑자기 이민을 가게 되었다든지 등등의 이유를 들고 있다. 그럼, 원래 그 사람은 얼마 주고 샀는지 궁금해질 것이다.

등기부등본을 떼어보니, '을구'에 설정금액이 6500만 원이 적혀 있다. 채권최고액 설정금액이 6500만 원으로 적혀 있다면, 설정비율 130%로 나눈 값이 실제 은행에서 대출받은 금액이 된다. 여기에 은행의 담보대출 비율을 나누면 매매가격이 된다. 일반적으로 토지의 경우(나대지를 기준. 전·답·임야는 좀 더 낮다.) 매매가의 50% 정도로 보면 무난할 것 같다. (이걸 담보대출 비율이라고 하는데, 정확히 하기 위해선, 근처 은행에 문의해보면 잘 가르쳐 준다. 아파트의 경우 60% 정도가 일반적이다.)

$$[65,000,000 \div 1.3 \div (1000 \times 0.3025) \div 0.5] = 약\ 330,000원/평$$

자, 그렇다면 부동산 중개소에서 요구한 금액은 원래 매수한 금액보다 약 12, 13만 원 정도 높다는 것을 알 수 있다. 있다. 싸게 내놓은 물건이 아닌 것이다.

매입하려는 토지의 진짜 평당 가격을 찾는 법

땅값을 논할 때 예전에는 공시지가의 몇 배 아니면 주변시세를 기준해 비교하는 평가방식이 일반적이었다. 그러나 이런 방식은 주먹구구식이었을 뿐 실제 사용목적에 따른 토지가격 평가방법은 아니다.

토지를 매입할 때 정확하게 가격을 평가하기 위해서는 토지 매입자가 매입 목적에 맞도록 변경하기까지 지불하는 모든 비용과 시간을 매입가에 반영시켜 구해야 하는 것이 기본정석이다.

진짜 평당 가격을 구하는 법에 대해 단순한 사례를 들어 설명하고자 하는데, 미래의 예상 수익률까지 산출하고자 한다면 끝이 없으므로 여기서는 토지전용을 하는 것까지만 먼저 이야기하기로 한다.

예) 농지를 매입해 200평을 농지전용하고, 30평짜리 주택을 건축하는 경우

농지 상태인 택지로, 건축을 하는 데 문제가 없다면 최종 대지로 전환되어 택지로 조성되기 전까지의 비용을 계산한다.

농지의 경우, 농어업인을 위한 농가주택이 아닌 일반주택이라면 농지전용비 감면이 없다.

① 농지전용비는 공시지가의 30%. (최대 ㎡당 5만 원)

　　공시지가가 ㎡당 20,000원이고 660㎡(약 200평)을 전용한다면 660㎡

　　x 20,000원 x 0.3 = 3,960,000원.

② 농지전용 대행비 150만 원과 건축신축허가시 설계인허가비용 150

　　만 원 정도. (협의에 따라 조정이 가능한 부분이 있지만 일반적으로 청구되는 비용

　　으로 계산)

③ 전기 인입비 50만 원 내외.

④ 상수도 설치비용. (지하수개발시 소공인 경우 200만 원 내외 대공 800만 원 내외,

　　마을 상수도를 연결하게 되면 300만 원 내외)

　　①~④까지 비용합계 : 3,960,000원 + 3,000,000원 + 500,000원 +

　　2,000,000원(소공 기준) = 9,460,000원.

⑤ 농지의 상태가 택지로 조성하기 위해 토목공사가 필요한 경우, 토목

공사비.

⑥ 농지전용에 따른 취득세.

공시지가는 농지에서 대지로 용도변경이 되면서 높아지게 된다. 공시지가가 낮은 지역에서는 큰 금액이 아니나 주변 대지의 공지지가를 알게 되면 현재 농지에서 대지로 전용시 취득세(공시지가 증가분에 대한)를 예상할 수 있다.

농지 공시지가가 ㎡당 20,000원이고 660㎡ (약 200평) 전용 후 대지 공시지가가 ㎡당 100,000원이 되었다면 공시지가가 ㎡당 80,000원이 증가한 것이므로 80,000원 × 660㎡ 0.02% = 1,056,000원. (약 100만 원, 공시지가가 낮은 지역은 더 적게 나오고, 공시지가가 높은 지역은 이 비용이 많이 올라갈 것이다.)

①~⑥까지의 대략적인 소계로, 약 1,500~3,100만 원의 비용이 추가적으로 발생한다.

이렇게 산출된 금액을 전용면적 200평 기준으로 평당 추가비용을 나눠 보면 평당 약 75,000원~155,000원의 가격이 상승한다는 것을 볼 수 있다. 물론, 공시지가가 낮은 지역과 높은 지역에서는 이 편차가 커진다.

그럼 이 사례에 나온 농지 200평 매입비가 매수할 때 평당 10만 원이었다면 실제 택지로 전환할 때 계산되는 평당 가격은 평당 17,5000원~255,000원이 되는 것이다.

여기에 택지조성에 따른 시간과 현장을 오가며 들어가는 경비 및 소소한 세금 등의 비용은 포함하지 않았다. 이 기본 전제조건의 사례를 든 200평만 매입한 상황이라면, 매도자에게 평당 10만 원에 매입하였지만 실제 매입 가격은 평당 175,000 원~255,000원에 매입한 것과 같다.

그리고 농지 400평을 매입하고 그 중에서 200평만 전용한 것이라면,

(200평 × 10만 원) + (200평 × (17,5000원 − 255,000원)) = 2,000만 원 + (3500만 원 − 5,100만 원) = (5,500 − 7,100만 원) ÷ 400평 = 평당

137,500 ~ 177,500원

　여기서 나온 전체 금액을 가지고 비슷한 조건의 인근 대지가격과 비교를 해보면 어느 정도 높은 가격으로 매입한 것인지 아니면 저렴하게 매입하는 것인지 판단할 수 있을 것이다. 만일, 비슷한 조건의 인근 대지가격이 15만 원이라면 농지를 전용하여 택지로 조성하는 것보다 큰 이익은 없고, 시간과 경비가 든다는 점 때문에 저렴하게 매입한 것이 아니라는 뜻이 된다. 그리고 여기에 추가비용을 넣어야 하는 경우도 있다. 예를 들면 도로포장을 해야 하는 경우, 그리고 농지전용 후 건축행위를 위해 허가신청을 할 때 하천점용이나 구거점용을 받아야 하는 경우, 다리를 놓아야 하는 경우 등등 현장 상황에 따라 들어가게 되는 추가비용을 대략적으로 계산해 이를 모두 매입하는 토지가격에 반영하고 매입 가격 판단을 해야 하는 것이 맞다.

　다음으로 농지전용이 아닌 산지전용의 경우를 들어보겠다.
　농지전용비가 공시지가의 30%인 것과는 달리 산지전용의 경우는 전국적으로 매년 산림청에서 고시하는 산지전용비 기준에 따라 적용을 받는다. 평균 ㎡당 4,480원 내외다. 다시 말해 평당 공시지가와 상관없이 만 원이 넘지 않는다.
　따라서 연접개발 제한 등 규제사항에 적용되지 않는 임야라면 공시지가가 높은 지역에서는 산지전용이 농지전용보다 전용비가 많이 절감된다. 그러나 공시지가가 낮은 지역에서는 오히려 산지전용비가 더 나올 수도 있다.
(공시지가가 무척 낮은 지역은 농지전용이 더 비용절감이 될 수도 있다는 뜻도 된다.)
　그리고 산지전용을 할 때의 전용 절차를 진행해보면 농지전용에서 지급하는 토목회사의 인·허가 대행비보다 산지전용에서의 인·허가 대행비가 최소 100만 원 이상 더 든다. 절차도 조금 더 까다롭다. 경사도와 임목도 등 조사사항이 더 많기 때문이다. 또한 대부분의 임야는 경사지가 많으므로 그에 따른 토목공사비를 계산에 포함시켜야 한다.

다음은 과수원을 조성하기 위해 농지나 임야를 매입하는 경우가 있다. 과수원의 경우 과수원 조성에 따른 비용이 발생한다. 농지의 경우는 별도의 농지전용 절차를 밟지 않기 때문에 유실수 식재 비용과 수확기까지 들어가는 비료 및 농기계의 감가상각비 등을 계상해야 한다. 물론, 내가 원하는 종목의 유실수가 식재되어 있지 않다면 당연히 자신이 원하는 유실수 묘목을 구입하여 식재하고 과수원을 조성할 때의 비용을 계상해야 한다. 이 예상 금액을 농지의 평당 금액에 반영하면 과수원을 조성할 때의 실제 농지가격을 대략적이나마 판단할 수 있다.

이런 토지가격 계산 방식이 일견 복잡해 보이고 불필요하게 생각할 수도 있다. 그럼에도 반드시 이런 방식으로 토지가격을 도출해야 하는 이유는 토지를 매입할 때 자신의 용도에 맞게 토지를 변경하는 데 따른 평당가격 상승분을 계산하지 않음으로써 주변 토지의 시세와 비교해 시간도 많이 걸리고 오히려 비싸게 매입하게 되는 실수를 막기 위함이다. 특히, 오지의 임야를 저렴하게 매입해 개발하고자 하는 이들은 보다 신중한 판단이 필요하다. 임야 개발의 경우에는 평당 토지가격이 낮은 경우 배보다 배꼽이 더 큰, 개발비용이 더 커지는 경우가 많다.

실제 평당 가격을 산출하고 나면 다음으로는 주변시세 대비 토지가격 비교는 물론 전국적으로 같은 조건의 토지들의 가격대와 비교해 그 지역 토지가격이 합리적인 가격인지를 판단하고 진행해야 한다.

비슷한 조건임에도 가격 차이가 난다면 그 이유를 찾아야 하고 그 이유가 합당하다고 판단된다면 토지를 매입해도 괜찮다.

Chapter 2.
토지투자의 수익률을 체크하라

토지와 다른 부동산의 수익률 비교 분석

수익률을 극대화시킬 수 있는 방법은 무엇인가? 아파트 등 다른 부동산 투자를 논할 때는 10%, 20% 정도의 수익률을 놓고 따진다. 하지만 토지는 100%, 200% 방식으로 말한다. 투자수익 자체가 다른 부동산과 차이가 있다고 보면 된다.

허황된 얘기라고 말하는 이들도 많겠지만 땅에 투자하는 사람들이 절대적으로 믿고 있는 투자수익률이다. 토지투자 수익의 기본은 3년에 2배, 5년에 3배가 적정하다고 본다. 저평가되어 가치를 높일 수 있는 토지라면 적극적으로 투자를 검토하는 것이 우선이다. 하지만 개발계획 등의 수익률도 무시할 수 없다.

물론 수익을 올릴 수도 있지만 손해를 보게 되는 경우도 있다. 투자를 할 때는 유의사항이 있다는 점을 간과해서는 안 된다. 토지투자에서 가장 중요한 것은 두 가지다.

첫 번째로 따져야 할 것은 환금성이다. 즉 3~5년 후에 과연 매도가 가능한 땅인지를 생각해보고 매수해야 한다. 여기에 매스컴에 자주 등장하는 기획부동산의 사기 피해만 당하지 않는다면 땅의 투자가치는 주식이나 주택투자보다 훨씬 좋다고 생각한다.

한 가지 덧붙인다면 '묻지 마' 식 투자는 피해야 한다는 것이다. 반드시 철저한 분석에 의한 과학적 투자 방법으로 접근하는 것만이 투자수익을 극대화시킬 수 있는 유일한 방법이라는 것을 명심해야 한다.

토지는 미래가치를 기준으로 투자기간 3년 이상, 5년 정도를 두고 투자해야 하는 상품이다. 따라서 환금성이 떨어지고 투자 위험도가 다소 높다. 관련법규도 복잡하고 지자체와 지역상황에 따른 변수도 많다. 그러므로 전문 컨설팅이 필요하며, 철저한 컨설팅 후 투자한다면 아파트, 상가 등 어떤 부동산 상품보다 고수익을 보장하는 것 또한 확실하다.

토지와 여타 부동산 상품과의 비교 분석

구분	토지	아파트	상가
수익률	고수익 * 수익률이 천차만별이나 적정 수익률은 연간 15% 이상	금융상품 수익 이상	금융상품 수익 이상 * 경기부침이 심함
환금성	저	고	중
투자위험도	고	저	중
거래가격의 적정성 예측 가능성	예측 어려움 * 미래가치를 예측하기 어렵고 토지 특징과 지역현황 등이 반영됨에 따라 적정가격예측이 어려움	예측 가능 * 평형, 입지별 가격 예측 가능	예측 가능 * 경기, 입지, 평형별 가격 예측 가능
관련법규에 대한 이해도	낮음 * 180여 개 관련 법규로 인해 개별 토지별 규제 파악이 어려움	높음 * 등기부등본 열람으로 권리관계 확인	높음 * 등기부등본 열람 필요

토지투자의 진정한 수익률이란?

얼마 전 지인으로부터 토지에 투자해 50%의 수익률을 올렸다는 이야기를 들었다. 그렇다면 그가 말한 50%의 수익률이란 무엇을 의미하는지 알아보도록 하자.

지인은 자기자본금 5억 원(대출금 포함)에 잔금 5억 원을 포함해 10억 원에 농지를 매입했다고 한다. 잔금지불은 6개월 시한을 두었고 ○○○외 1인이라는, 매도인 명의로 건축허가를 받았다. 그리고 그는 이 농지를 12억 5천만 원에 매도하였다.

단순한 투자자는 자기자본금 5억 원을 투자해 2억 5천 만 원이 남았으므로 수익률이 50%라 생각한다. 자세히 들여다보자.

우선 차익이 2억 5천 만 원이 남았으므로 양도세 36%(자진신고 10% 차감)를 내면 9천 만 원, 다음으로 건축허가 비용으로 최소 1천 만 원이 든다. 농지전용부담금 등 추가비용은 제3의 매수자에 부담을 지우더라도 말이다.

그렇다면 양도세 9천 만 원과 허가비용으로 1천 만 원 그리고 중개수수료가 적어도 2천 만 원이 들었다고 볼 때 1억 2천 만 원이 사라지므로 실제 순이익은 1억 3천 만 원으로 준다. 그렇다면 수익률은 26%다.

여기서 한마디 더 덧붙이자면, 이러한 내용을 알고 있음에도 과연 당초 매도인은 양도세 부담분만 받고 그렇게 해 줄 것이냐? 또 중개수수료는 과연 법정 수수료만으로 가능할 것이냐? 허가에 따른 농지전용부담금이나 개발부담금 등을 제3매수자가 모두 부담하느냐?에 따라서 실제 수익률은 이보다 훨씬 못 미칠 수도 있다.

위의 사례에서 보았듯이 단순한 계산법에 의하여서 5억을 투자하여 2억 5천 만 원을 남겼고, 최소한으로 해도 5억을 투자하여 1억 3천 만 원을 남겼지만 다른 부분에 대한 부담이 늘어난다면 5억을 투자하여 1억 미만으로

뚝 떨어지는 결과가 나온다. 그런데도 사람들은 단순하게 5억을 투자하여 2억 5천을 남겼다고 말한다. 따라서 토지에 투자하는 많은 사람들은 모두 그런 말들만 믿고 토지에 투자하면 대박이 나는 것으로 단순하게 생각하기 쉽다. 그리고 1년 이내에 50%, 심지어는 100% 이상의 수익을 기대한다. 물론 어떤 물건은 그럴 수도 있다. 그러나 이것은 로또에 당첨될 확률에 가깝다고 말할 수 있다.

과거에는 토지에 투자하면 1년에 배, 즉 10년을 투자하면 10배 이상 상승했다. 아니 그 이상 상승한 것이 더 많았다. 물론 앞으로도 일부 부동산에서는 이에는 좀 못 미치겠지만 실물이나 금융투자보다는 나을 것이다. 그래서 최근 조사에서 60%에 가까운 사람들이 돈이 생기면 토지에 투자하겠다고 한다. 그러나 지금은 투자환경이 많이 바뀌었다. 부동산 매입과 처분에 거의 실명제에 실거래가 거래가 이루어지고 있고, 양도소득세가 투명하게 부과되고, 비과세나 감면제도 덕을 보는 것도 매우 어렵게 되었다.

세계적인 투자가인 워렌 버핏의 연평균 투자수익률은 13% 정도라고 한다. 필자는 투자자들에게 1년 투자수익률이 10%를 넘으면 투자하라고 말한다. (은행금리 4% + 물가상승률 4% + 위험 부담률 2%) 그리고 수익률이 연 15%가 넘으면 대박을 내는 것이라고. 욕심을 조금 버리고 멀리 보고 투자하면 반드시 투자한 부동산이 부를 가져온다.

그렇다면 진정한 토지투자와 목표 수익률이란 무엇일까?

투자의 성패는 결국 기간에 비례하며 세후 수익률로 결정된다. 초보 투자자자들이 항상 간과하고 넘어가는 실수가 여기에 있다. 투자에서 최대 과제는 수익률이므로 들고 나는 시점을 분명히 하는 절세 방안과 현금화 전략이 중요하다. 많은 투자자들이 "얼마에 샀는데 지금은 시세가 얼마다." 라고 자랑 삼아 떠벌이는 경우가 있는데, "팔아서 세금 떼고 현금을 손에 쥐지 않

50년(1965~2013년)간 평균지가 얼마나 올랐나
단위 : 원

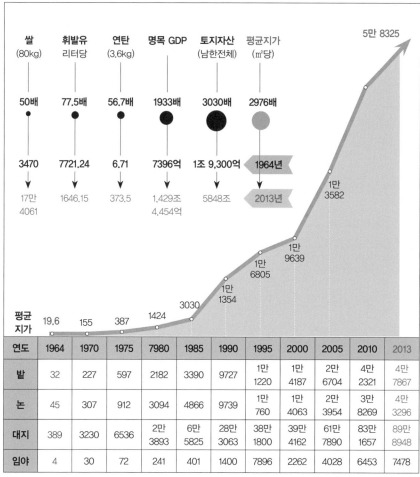

	쌀 (80kg)	휘발유 리터당	연탄 (3.6kg)	명목 GDP	토지자산 (남한전체)	평균지가 (㎡당)
	50배	77.5배	56.7배	1933배	3030배	2976배
1964년	3470	7721.24	6.71	7396억	1조 9,300억	
2013년	17만 4061	1646.15	373.5	1,429조 4,454억	5848조	

5만 8325

연도	1964	1970	1975	7980	1985	1990	1995	2000	2005	2010	2013
평균지가	19.6	155	387	1424	3030	1만1354	1만6805	1만9639	1만3582		
밭	32	227	597	2182	3390	9727	1만1220	1만4187	2만6704	4만2321	4만7867
논	45	307	912	3094	4866	9739	1만760	1만4063	2만3954	3만8269	4만3296
대지	389	3230	6536	2만3893	6만5825	28만3063	38만1800	39만4162	61만7890	83만1657	89만8948
임야	4	30	72	241	401	1400	7896	2262	4028	6453	7478

자료 : 한국은행

앴다면 낙관하지 말라."고 말하고 싶다. 시기를 놓쳐 가격이 하락하는 경우도 있고 다른 투자처에서 올릴 수 있는 투자의 기회비용이 발생하기도 한다.

과거 통계로 보면 30년 동안 아파트는 100배, 땅은 4,000배 상승(가장 많이 오른 경우)했다는 보도가 있었다. 하지만 요즘처럼 중·단기투자(3~5년)가 대세인 시대에는 3~5년 정도를 보고 토지투자를 한다면 최소 200~500%의 수익률을 목표로 철저한 조사와 연구, 분석으로 준비해야 한다.

매년 분기마다 지가와 거래 동향을 분석해보면 국지적으로 상승폭이 두드러진 지역들이 눈에 띈다. 5년 동안 공시지가가 무려 연 20% 이상 오른 땅들도 많이 본다. 이들 지역은 다름 아닌 산업의 발달과 인구유입으로 기반시설 확충과 택지조성 등 도시 확장이 불가피한 지역들이다. 관망하면서 세월을 보내고, 공부하다가 말 것이 아니라면 실전 투자전문가가 되기 위해 우리는 보다 긴 안목으로 자신의 지식과 행동을 변화시킬 스킬을 준비해야 한다.

PART 03

투자하기 전에
먼저 분석하라

Chapter 1.
토지의 입지를 분석하라

　토지란 각기 다른 개성을 가지고 있어서 비슷한 규모의 인접한 토지라할지라도 가지고 있는 가치에서 많은 차이를 보인다. 따라서 부지의 위치나 인접한 토지의 이용 상태 등 제반 조건들이 대상 토지의 성격을 결정하는 중요한 요소가 된다. 예컨대 도로변에 입지한 부지가 있다고 하면 상행선과 하행선의 어느 쪽에 위치했느냐에 따라 부지 성격이나 개발방향이 달라질 수 있을 것이다.

　따라서 대상 토지가 갖고 있는 종합적인 성격의 규명, 곧 입지분석이 필요하게 된다. 즉 입지분석이란 대상지가 위치한 용도지역 및 토지현황 등의 기본 조건과 접근성, 주변 환경 등 제반 여건을 조사하여 대상지의 특성을 도출하고 특정 용도로 개발하는 데 적합한지의 여부 또는 적절한 활용 방안을 설정하는 데 필요한 자료로 평가, 분석하는 것을 말한다.

　따라서 부동산을 개발하거나 또는 신규로 취득할 때 가장 기본적인 검토 행위로 볼 수 있으며 대략 다음과 같은 사항들에 대해 조사하고 연구해야 한다.

부지현황 분석

무엇보다도 해당 부지에 대한 정확한 관찰이 필요하다. 즉 규모는 물론 부지 모양이나 표고, 경사, 향向 등의 지형, 지세 및 주변 경관과 현재의 이용현황, 그리고 임야의 경우라면 입목 현황 등의 조사가 필요하다.

이러한 분석은 용도 설정 및 시설계획뿐만 아니라 농지전용, 산림 형질변경 등 인·허가 가능성에 대한 판단 자료가 된다. 이를 위해서는 여러 차례 현장답사가 필요하며, 규모가 비교적 큰 토지(특히 임야)일 경우 1/5,000 지형도면을 구입하여 활용하면 개략적인 지형 등의 파악이 가능하다. 이와 함께 지적공부와 실제 면적 및 경계를 확인해봐야 한다.

도시 외 지역의 경우 지적도와 실제 현황이 일치하지 않는 경우가 많으므로 반드시 비교, 확인해봐야 하며 만약 오류가 있다면 측량 등을 통해 정정해야 할 것이다.

도로, 교통

접근성에 관한 문제이다. 주요 시장권역에서의 공간적 거리 외에도 시간적 거리의 중요성이 커지고 있으므로 소요시간 및 다양한 접근 방법이 있는지 확인한다. 또한 통과 교통량(유동인구)의 크기도 업종을 선정함에 있어서 중요한 고려 요소라고 할 수 있고, 경유지로서의 성격인지의 여부도 개발방향을 설정하는 데 커다란 영향을 미친다.

이와 함께 시설개발을 위해서는 진입도로의 확보가 필수적이다. 최소 2m가 도로와 접하여야 함은 물론 거의 대부분의 시설입지에는 폭 4m 이상의 도로가 있어야 한다. 따라서 해당 사업지까지의 도로 연결 여부와 만약 도로가 없다면 개설(사도개설 허가 후)이 가능한지에 대한 확인이 필요하다.

이 경우 먼저 진입도로 부지를 먼저 확보해야 하므로 도로 현황에 대한 정확한 파악과 준비가 요청된다. (진입도로 부지 매입에 어려움을 겪는 경우가 많다.)

※ 도로와 관련 도로법에서는 고속국도, 일반국도, 지방도, 시·군도 등(일반적인 의미의 도로)에 관한 사항을 정하고 있고, 이외의 농어촌지역의 도로에 대하여는 '농어촌 도로정비법'으로 정하고 있다. 농어촌지역의 마을 진입도로, 농로 등은 대부분 이 법에 의한 면도, 리도, 농도에 해당하며 이 도로는 시장·군수가 관리한다.

시장권역(배후 권역)

개발시설의 최대 이용 대상자(타깃)의 설정에 관한 사항이다. 크게 구분하면 동일 지역 주민을 대상으로 하는 근린형이 있을 수 있고, 외지인(관광, 유동인구)을 대상으로 하는 광역형 시설이 있을 수 있다. 관광지 주변이라든지 대형 시설 주변은 후자에 해당한다.

주 이용자의 연령별, 소득별 계층과 행동양식, 거주지(지역), 규모 등과 해당 사업지까지의 접근성에 대한 분석이 요구되며, 이에 맞추어 업종 설정 및 영업 전략이 수립되어야 할 것이다.

주변 환경

대단위 시설이 아닌 대부분의 도시 외 지역의 시설개발은 신규수요 창출이 매우 어렵다. 즉 이미 형성되어 있는 시장 규모에 맞추어 시설개발이 이루어져야 하므로 주변 환경 및 개발 현황은 매우 중요한 요소가 된다. 특히 주변 경관이나 인접 부지 이용현황이 대상지의 성격에 많은 영향을 미치므로 주변의 개발계획도 파악할 필요가 있다.

대규모 배후 또는 시장권역을 배경으로 하고 자연경관이 수려하며 교통이 편리한 지역이라면 가장 바람직할 것이나 실제로 이러한 부지는 매우 드물다. 업종에 따라서는 동일업종이 다수 입지해 있는 지역이 집적의 이익을 얻을 수 있는 경우가 많다. 다만 시장이 한정되어 있고 독점적인 입지를 요하는 시설일 경우는 주변에 동일업종의 시설개발이 추진되고 있는지의 여부를 확인한 후 시설개발을 검토하는 것이 바람직하다. 또한 주변 지역의 지가, 시설분양 및 임대료 현황 등에 대한 조사는 추후 사업수지를 추정하는 데 많은 참고가 될 수 있다.

상위계획

국토종합개발계획은 물론 도 건설종합계획, 군 건설종합계획, 권역별 관광개발계획, 도로계획 등 상위의 개발계획을 파악하여 사업지와의 관련 여부를 체크한다. 즉 주변의 개발계획이 사업지의 성격에 어떤 영향을 줄 것인지에 대한 예측과 그 시기 등을 파악해야 한다. 특히, 최근에는 각종 사회간접자본시설의 건설로 많은 변화가 예상되므로 그 중요성이 커지고 있다. 개발계획 상 인접 부지를 제외하고는 상위계획 자체가 대상지에 직접적인 영향을 미치는 경우는 매우 드물다고 할 수도 있으나, 광역적·장기적인 환경의 변화를 예측할 수 있다고 하겠다.

장기적이고 대단위 개발계획은 대부분 국토종합개발계획도에 표시되어 있으며, 사업지에 많은 영향을 주는 각종 도로계획의 경우도 군(건설과 등)에서 확·포장 계획을 확인할 수 있다.

이밖에 해당 지역에 대한 각종 개발정보(신문기사, 잡지 등)에 지속적으로 관심을 기울여 자료를 정리해 두어야 할 것이다.

법적 규제사항의 확인

부지를 특정 목적으로 개발할 수 있는지 제반 법규에 따른 제한 여부를 확인해 보아야 한다. 이의 기초적인 사항은 '토지이용계획확인서'로 확인할 수 있다. '국토이용관리법'상의 용도지역 및 기타 사항의 확인이 가능하다.

용도지역이 확인되면 각각의 용도지역에서 허용되는 행위 등을 파악하면 된다. 일반적으로 농림지역인 경우(보전임지·농업진흥지역) 농림어업용시설 이외에 대부분의 행위가 제한되며, 관리지역의 경우는 부지면적 30,000㎡(9,075평) 미만의 개발은 허용되는 시설이 많으므로 비교적 활용도가 높다고 할 수 있다.

다만 용도지역과 별도로 다른 법률에 의한 제한이 있을 수 있는데 예를 들어 상수원보호구역은 대부분의 개발행위가 불가하며, 특별대책지역 1권역의 경우도 일정 규모 이상(연면적 800㎡ 이상)인 대부분의 시설이 금지 또는 제한되므로 주의를 요한다.

그린벨트(개발제한구역) 및 공원인 경우도 허용행위가 극히 제한적이므로 수익성 있는 시설의 개발은 거의 불가능하다고 할 수 있다. 따라서 계획관리지역이라 하더라도 군사시설보호구역, 특별대책지역 등에 해당된다면 그에 따른 제한사항을 확인해 봐야 한다.

또한 행정지침(농어촌 숙박시설 제한 등) 및 지방자치단체의 조례로 시설 설치 및 규모 등을 제한하는 경우도 있으므로 해당 시·군에 확인해보아야 한다. 이와 함께 농지·산림 등은 해당 법규에 따라야 한다.

※ 토지이용계획확인서 : 종래의 국토이용계획확인서와 도시계획확인원이 통합된 것으로 각종 개별법에 의한 토지이용 및 제한에 관한 사항의 확인을 위한 국토이용관리법에 근거한 민원서류.

발급번호 : G201204257365654001　　　　발행매수 : 1/2

토지이용계획확인서

				처리기간
				1 일

① 신청인	성명	이○○	주소	인천광역시 시구
			전화번호	

② 신청토지	소재지		지번	지목	면적(㎡)
	경기도 남양주시			전	2,914.0

③ 지역·지구등 지정여부	「국토의 계획 및 이용에 관한 법률」에 따른 지역·지구등	계획관리지역, 보전관리지역, 하천(저축) 【이하공란】
	다른 법령 등에 따른 지역·지구등	제한보호구역(후방지역:500m)(협의구역)<군사기지 및 군사시설 보호법>, 소하천예정지(전범2호)(재난방재과 문의바람 590-2685, 590-4408)<소하천정비법>, 성장관리권역<수도권정비계획법>, 배출시설설치제한지역<수질 및 수생태계 보전에 관한 법률>, 하천구역(전범1호)(재난방재과 문의바람 590-2685, 590-4408)<하천법> 【이하공란】

④ 「토지이용규제 기본법 시행령」 제9조제4항 각 호에 해당되는 사항	【해당없음】

⑤ 확인도면	

축적 1/1200

「토지이용규제 기본법」 제10조제1항에 따라 귀하의 신청토지에 대한 현재의 토지이용계획을 위와 같이 확인합니다.

남양주시장

수　수　료	
전자결제	
인　　　원	

도시 외 지역인 경우 '국토이용관리법'상의 용도지역(도시, 준도시, 농림, 계획관리·자연환경보전지구), 개발계획수립 여부 등이 표시되며 도시계획구역인 경우는 '도시계획법' 상의 용도지역(주거·상업·공업·녹지지역) 및 용도지구(풍치, 주차장정비·미관·고도지구 등)와 도로·공원 등 도시계획시설, 개발사업계획, 개발제한구역 여부 등이 표시된다.

국토이용 및 도시계획 사항뿐만 아니라 군사시설보호구역 여부, 농업진흥지역 여부, 보전임지 여부, 공원구역 여부, 상수원보호구역 여부, 토지거래허가(신고)구역 여부 등의 확인이 가능하다.

도시계획구역은 도면이 첨부되어 발급되나 도시 외 지역은 발급되지 않으므로 별도로 지적도 등의 발급을 신청하여 도면상 확인을 하는 것이 바람직하며(1필지상 용도지역이 2 이상인 경우가 있으므로), 인접 토지라도 용도지역이 다를 수 있으므로 전체 필지를 확인해 보아야 한다. 도시 외 지역이라면 국토이용계획뿐 아니라 농지, 산림 등 해당사항 전체에 대한 확인을 신청하는 것이 좋다.

Chapter 2.
도로를 보면 땅이 보인다

땅과 도로의 함수관계

토지투자에서 '길'이 갖는 의미는 매우 특별하다. '길'은 땅의 가치를 결정짓는 가장 큰 요인이고, 가격에도 큰 영향을 미치기 때문이다. 좋은 길을 끼고 있는 토지는 그만큼 활용가치가 넓어 가격이 높고, 길이 나지 않은 맹지(다른 대지에 간혀 진출입이 불가능한 토지)는 건축이 힘들어 거래가 쉽지 않고 쓸모없는 땅으로 분류되며 가격도 낮다. 도로에 직접 맞닿아 있는 토지들이 이면도로의 토지보다 최고 2~3배 가량 가격이 높게 형성되는 것도 이 때문이다. 특히 상업지역의 경우 길에 따라서 땅값이 더욱 극명한 차이를 보이게 된다.

따라서 토지투자의 기본 요건은 좋은 길을 끼고 있는 땅에 투자하는 것이다. 특히 신설되는 광역도로망이나 지하철, 고속철 등을 통한 교통망 투자역시 남들보다 반 걸음만 앞서면 성공할 수 있다.

서해안고속도로를 예로 들어보자. 인천에서 목포를 잇는 이 도로는 그동안 교통여건이 좋지 않아 소외받았던 서해안 지역을 단숨에 유망 투자지역으로 탈바꿈시켰다. 기존도로만 정확히 파악해도, 토지투자가 한결 수월해진다. 유동인구 흐름과 차량의 흐름을 종합적으로 분석함으로써 토지의 가치를 어느 정도 가늠할 수 있다. 토지투자에 서툰 초보자일 경우, 도로의 넓이만으로도 판단에 큰 도움이 된다.

지역에 따라 다르겠지만, 통상 도로의 넓이에 따라 토지가격이 정비례한다고 보면 된다. 특히 일정 폭 이상의 도로는 건축허가를 받는 데 있어서 꼭 필요하므로 반드시 점검해야 한다. 건축법상 부지가 4m 이상의 도로와 접해야 하고, 길과 접한 대지의 길이가 적어도 2m를 넘어야 한다. 또 연면적이 600평 이상인 경우에는 6m 이상의 도로에 접해야 하고, 도로에 접한 대지의 길이는 6m 이상이거나 4m 이상 2곳에 접해야 건축허가를 받을 수 있다.

토지 중에서도 '임야'의 경우, 길이 갖는 의미가 더욱 각별하다. 진입도로나 도로 조건이 건축에 적합하지 않은 곳이 많기 때문이다. 만약 도로 여건이 여의치 않으면 진입도로 개설이나 도로 확장 등에 필요한 토지의 손실과 공사비용 등을 감안해서 매입금액의 경제성을 따져봐야 한다.

그렇다면, 큰 길에 접하고 있다면 무조건 좋은 토지일까? 대답은 NO다. 자동차전용도로의 경우 도로계획이 잡히기 전에 허가를 받지 않은 토지는 진출입이 불가능하여 이 도로에 접한 토지는 거의 맹지와 같다고 볼 수 있다. 고속도로나 광역도로의 경우 오히려 도로와 접하고 있다면, 휴게소나 주유소 등으로 토지의 활용 가치가 제한된다. 즉 큰 도로와의 근접 거리보다는 간접 접근성이 가격에 더 큰 영향을 준다. 주로 고속도로 톨게이트 주변이나 국도로 진입하기 수월하고 인근지역과 연결되는 도로망이 잘 발달된 곳이 교통체증이 있을 때 차량 분산의 역할도 커 토지가격이 높다. 즉 고속도로 IC나 국도와 지리적으로 접하고 있지 않고 광역도로와는 좀 떨어져 있어도 진입에만 큰 어려움이 없다면, 오히려 더 좋다. 또 자동차뿐만 아니라 전철역, 버스 정류장 등 대중교통이 경유하는 곳이라면 그만큼 토지의 매력이 커진다.

어떤 땅을 사야 값이 오를까? 모든 투자자들이 가장 알고 싶고, 궁금한 내용이라고 할 수 있다. 그러면 그 땅값은 어떻게 정해지는가? 부동산 특히, 토지의 가치를 결정하는 3가지 요소를 든다면 용도지역, 지목, 도로라고 할 수 있다. 이중에서 도로는 사람을 모으는 역할을 하는 가장 중요한 요소가 된다.

쉽게 설명해서 도로란 사람과 차량이 통행할 수 있는 길을 말한다. 부동산투자를 처음 하는 사람이라도 도로가 얼마나 중요한지 금방 깨닫게 된다. 도로는 바로 돈이 움직이는 통로라고 할 수 있다. 그래서 부동산투자를 고려하는 사람이라면 제일 먼저 도로 상황을 분석하여야 하는 것이 기본 상식이다.

구분	법정도로	비법정도로
개념	관련 법률에 의거 개설된 도로	개별목적 또는 자연발생적으로 개설된 도로
종류	① 고시된 도로: 관련법률에 따라 다양함 ➡ 도로법. 국토법, 농어촌도로정비법. 사도법 등 ② 지정한 도로 : 건축인허가권자가 인정	① 사실상 도로事道, 현황도로, 관습상 도로 ② 사도私道 ③ 통로/ 통행로, 기타 ※ 농로/ 임도
지목	도로	도로 또는 도로 이외의 지목 (전·답·과·임·대지 등)
소유주	① 대부분 국가 또는 지자체 ② 사도법의 사도는 개인(단체) 가능	일정 부분 개인(단체)이지만 일부 국공유지 포함
개설	관련 법률에 의거 개설	개별목적/ 자연발생
관리	도로관리청/ 설치자	① 원칙적으로 토지소유주 ② 예외적으로 사용자
소유주 폐쇄	불가능	사유지私有地일 경우에만 가능
도로사용 시 사용승낙 여부	불필요	사유지일 경우 인접 토지소유주 승낙 필요. 통행료 부과원칙 가능
형태	기본 도로형태 : 최소 6m 이상	① 대체로 도로형대 미흡 ② 일부 도로의 형태를 갖춤
수용시 보상	사도법의 사도일 경우 : 인근토지 평가액 1/5	① 원칙 : 현황 지목에 의해 평가 ② 사실상 사도私道는 1/3
건축요건	다른 법률에 저촉되지 않을 경우 가능	원칙적으로 도로개설 또는 지정이 필요

도로라고 해서 다 같은 것은 아니다. 설치 및 존재에 대한 근거에 따라 다양한 종류가 있으나, 건축법상 도로가 건축허가 여부와 관련하여 가장 중요하다고 하겠다. 또한 이러한 도로가 언제 어디에 어떤 규모로 설치가 될 것인지를 미리 정확히 알 수 있다면 부동산투자는 거의 성공한 것이라고 생각해도 과언이 아니다.

전국의 도로망이 앞으로 어떻게 형성되고 변화될지에 대한 전체적인 정보는 행정기관이 수립해서 알려주는 각종 부동산 관련 계획을 통해서 어느 정도 사전에 파악할 수 있다. 국토종합계획을 통해서 전국 도로망 확보의 기본 방향을 확인해야 하며, 광역도시계획 특히, 수도권광역도시계획을 통하여 각 도시를 연결하는 도로망 확보계획을 확인하고 부동산투자에 나서야 한다.

특정 도시에서의 도로설치 방향은 그 도시의 도시·군기본계획을 통하여 알 수 있다. 특히 도시·군기본계획을 통해서 확인할 수 있는 시가화 예정용지 주변의 도로 설치계획을 주목하여야 한다. 예전에는 지자체에서 지형도면을 그려서 알려주었으나, 지금은 지형도면을 작성하지 않는다.

구체적인 도로 설치는 도시·관리계획에 의하여 행하여지므로, 도시·관리계획 입안을 위한 공고·열람사항을 지자체 홈페이지 등을 통하여 확인하여야 한다.

도로를 설치하는 데는 위에서 설명한 부동산에 관한 각종 행정계획의 수립이 필요하지만, 구체적인 도로설치를 위해서는 개별 법령상 근거가 필요하다. 도로에 대한 근거 법령은 건축법, 도로법, 사도법, 도시계획시설의 결정·구조 및 설치기준에 관한 규칙 등 다양하다. 일반인들에게 가장 익숙한 도로의 근거 법률은 건축법으로서, 건축법상 대지는 도로에 2미터 이상을 접해야 건축이 가능한 것이 원칙이다. 도로에 접하지 않는 대지에서는 건축을 할 수 없고, 이런 토지를 맹지라고 한다.

고속도로나 자동차전용도로는 대지에 접해 있어도 건축법상의 도로로 인정되지 않으므로 건축허가를 받을 수 없다. 맹지는 건축이 불가능하다는 이유로 토지가격이 낮게 형성되어 있지만, 맹지에서 탈출하게 되면 최소 2배 이상으로 토지가격이 상승하는 것이 일반적이다. 특히 인터체인지 주변의 맹지가 도로가 개설됨으로써 맹지에서 탈출하게 되면 3~4배 이상의 지가 상승을 기대할 수도 있다. 맹지탈출을 위한 도로개설은 법령과 실무상으로 많은 노하우가 필요하므로 전문가의 도움을 받는 것이 안전하다고 생각된다. (맹지에서 벗어나는 방법들에 대해서는 『맹지탈출』에서 자세히 피력했다.)

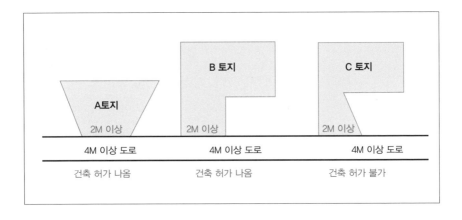

토지투자를 위해서는 건축법 이외의 도로설치의 근거 규정들에 대하여도 기본적인 이해가 필요하다. '토지이용계획확인서'에 표시되는 도로는 도시계획시설의 결정·구조 및 설치기준에 관한 규칙에 근거한 광로, 대로, 중로, 소로 등이다. 고속도로는 도로의 구조·시설기준에 관한 규칙에 그 근거를 두며, 농어촌도로정비법에도 도로에 대한 규정이 존재한다.

건축을 하는 데 지장이 없는 도로는 토지의 지적도에 지목이 '도'이며 지적도에 경계가 표시되어 있고, 소유자가 국國 또는 시·군으로 되어 있는 도로다. 지적도에는 도로가 없는데 실제로 오래 전부터 사실상 도로로 사용하여 사람들과 차량이 출입하는 길을 현황도로라고 하는데, 대지가 현황도로에 접하여 있을 때는 건축허가 여부를 확신할 수 없고, 구체적인 사정과 지방자치단체에 따라서 건축허가 여부가 달라진다는 점을 주의하여야 한다.

도로와 땅의 애증관계

평생 땅을 한 번도 사고 팔아보지 않은 사람일지라도 "토지를 매입할 때 가장 먼저 고려할 사항이 무엇이냐?"는 질문을 받는다면 아마도 매입 비용 다음으로 많이 돌아올 대답이 '도로를 확보할 수 있느냐?'의 문제일 것이다. 그만큼 토지에 있어 도로의 중요성은 이제 상식으로 자리 잡은 지 오래다. 그럼에도 불구하고 실무상에서 도로는 토지투자자들뿐만이 아니라 전문가들조차도 여전히 풀어내기 힘든 난제다. 상황에 따라 여러 변수들이 존재하고, 문제 해결을 위해 치러야 할 비용 또한 상당하다.

땅의 가치는 궁극적으로 그 땅 위에 건축물을 올릴 수 있느냐와 같은 토지이용행위의 문제로 귀결된다. 이를 위해선 짓고자 하는 목적 건축물에 맞게끔 조건이 맞는 토지를 매입해야 하는데, 여기서 필수불가결의 요소는 바로 '진입도로를 갖추고 있느냐?'이다.

여기에는 도로법이나 사도법 등에 따라 개설된 도로와 건축허가를 받을 때 지정 공고한 도로 등이 포함되는데 지적도에 도로로 표시되고, 실제 도로로 사용되고 있어야 한다. 이러한 건축법상 도로규정은 용도지역상 도시지역인 주거, 상업, 공업, 녹지지역과 제2종 지구단위계획구역서만 적용하므로 이외의 용도지역에선 좀 더 탄력적으로 운용된다.

여기서 주의할 점은 도로에 접해 있다고 모두 건축이 가능한 것은 아니라는 점이다. 도시지역에는 도시의 자연환경보호와 도시경관 향상을 위한 완충녹지가 지정되는데, 주로 도로 양측에 설치되고 있다. 이는 진입로 설치를 위한 녹지점용허가마저 불가하므로 실제로 완충녹지에 접해 있는 땅은 맹지라 할 수 있다. 참고로 유사한 개념으로 지방도나 국도 등에 도로의 손괴나 미관보존을 위해 설치되는 접도구역이 있는데, 도로의 양측 경계선으로부터 5m(고속국도는 20m)로 지정된다. 이 면적 부분은 건축은 불가하지만 진입도로로 사용하는 것은 가능하다는 점에서 완충녹지와 차이가 있다.

이외에도 자동차전용도로, 교차로 영향권, 터널 및 지하차도 주변, 급격한 경사의 도로 등에는 진입로 연결에 제한을 받고, 시설물에서 진입로의 연결을 위한 변속차로 등의 설치를 요하는 구간도 있다. 이 또한 연결(점용)허가권자마다 적용이 조금씩 차이가 있을 수 있으니 사전에 미리 확인이 필요하다.

문제는 맹지이다. 맹지에는 원칙적으로 건축이 가능하지 않다. 이를 해결하기 위해선 상황에 따라 참으로 다양한 방법이 동원된다. 가장 간단한 방법은 진입로 부분을 도로와 연결된 토지소유주의 동의를 얻어 분할 매입하거나 자신의 땅과 교환하는 것이다. 이런 땅을 매입하기 위한 비용은 시세에 비해 비쌀 수밖에 없다.

다음으론 '토지사용승낙서'를 받는 방법이 있다. 이 역시 토지소유주의 동의를 얻어 진입로를 만드는 것인데 사용료에 대한 합의가 적정 수준에서 이뤄진다면 다행이나 이 과정에서 진통을 겪는 경우가 많고, 매도나 상속으로 인해 토지소유주가 바뀌게 되면 바뀐 토지소유주에게 다시 사용승낙을 얻어야 하는 어려움이 있다.

이에 반해 지역권 설정은 토지소유주가 바뀌게 되더라도 그대로 권리가 유지되므로 실무에서 선호하나 이에 대한 합의를 받아내기가 쉽지 않다. 토지사용승낙서나 지역권이 설정되어 있다고 하더라도 건축을 위해선 원칙적으로 진입도로로 사용하게 될 부분은 농지, 산지전용을 통해 도로로 지목을 바꿔야 한다.

이외에도 민법에서 나오는 '주위토지통행권'이 있는데 이 경우, 도로에 접한 토지의 피해를 줄이기 위해 해당 토지의 최소한의 필요 범위 내에서만 요구할 수 있다.

토지가 도랑과 같은 구거를 통해 도로와 단절된 경우는 관리청에 사용료를 내고 점용허가나 목적 외 사용승인을 통해 복개하거나 교량을 설치하여 해당 토지에 건축물을 지을 수 있다. 그러므로 구거가 해당 토지 옆에 붙어 있는 경우라면 맹지라는 생각을 버리고 접근할 필요가 있다.

개발 사업을 진행하다 보면 지자체마다 도로 등 인·허가 사항에 대한 적용기준이 다를 수 있다. 건축이나 토목사업을 위한 토지 매입이라면 매입 이전에 토지 소재지의 관련 기준들을 사전에 검토, 확인해야만 낭패 보는 일을 방지할 수 있다. 실제로 토지개발과 관련한 상담을 하다 보면 많은 투자자들이 '도로'로 인해 어려움을 겪고 있다는 것을 확인할 수 있다.

※ 토지사용승낙서란

토지소유주가 타인이 본인의 토지를 사용할 수있도록 허락하는 내용이 명시된 문서를 말한다. 토지사용승낙서는 시행자가 토지의 소유권을 확보하지 못하고 계약만 이루어진 상황에서 인허가 용으로 요구하는 경우가 많다.

즉 소유권 이전등기를 하지 않고 그 땅에 건축허가를 받을 때 토지사용승낙서를 이용하며, 지구단위 계획에 따른 건축인허가를 진행할 때 사전에 미리 토지소유주에게 토지사용승낙서와 인감증명을 요청하게 된다.

토지사용승낙서에 정형화된 형식은 없으며 토지매매계약서의 내용을 근거로 작성된다. 토지사용승낙서는 토지소유주가 바뀌면 다시 받아야 하므로, 불완전한 토지사용권이라 할 수 있다.

사람은 길을 따라 움직인다. 길이 없으면 만들어내서 움직인다. 길이 생기면서 사람들과 차량의 통행이 늘어난다. 도로를 따라 전국이 1일 생활권으로 편리해졌고, 이제는 반나절 생활권 시대이다. 길의 주변과 인터체인지 근처, 도로의 종점 지역은 교통이 좋아지고 접근성이 개선된다. 이에 따라 종점과 도로 주변에는 새로운 개발사업이 추진되고 각종 건축물이 들어서

게 된다. 토지의 수요가 급격히 늘어나는 것이다. 그래서 길이 뚫리는 곳은 땅값이 오르게 되어 있다.

이렇듯 길을 따라 변화가 시작되고, 바뀌어 간다. 특히 고속도로가 새로 생기거나 고속전철, 지하철, 철로 등이 생기면 사람들의 생활 반경이 넓어지면서 이동이 빈번해지고 공장, 물류창고, 주택, 레저 등의 수요가 창출된다. 신도시가 생기기도 하고 대규모 주거단지가 형성된다.

이러한 도로들에 있어서 가장 큰 혜택을 받는 지역은 종점에 있는 지역과 중간의 인터체인지나 역사 부근인 역세권이다. 이동시간이 단축되어 교통이 편리해지고 쉽게 접근할 수 있게 되기 때문이다. 서울–춘천간 동서고속도로의 개통으로 설악, 강촌, 춘천과 홍천의 땅값이 들썩였던 것도 이러한 이유에 해당한다.

토지가격 3승의 법칙이라는 게 있다. 어느 지역에 길이 새로 뚫리는 경우, 땅값이 세 번 오른다는 데서 나온 말이다. 땅값은 도로의 개설계획이 확정되어 발표되는 때, 착공하는 때 그리고 준공시기 등 세 차례에 걸쳐 큰 폭으로 상승한다고 한다.

그런데 근래에는 행정공개와 인터넷 등이 발달로 정보가 더욱 빨라져서 개발계획의 확정 이전에 기본계획을 발표할 때부터 땅값이 오르기 시작한다. 특히 정부의 지방 균형개발정책과 지방자치단체의 개발 의욕에 따라 공개적인 구상 상태에서부터 정보가 흘러나오는 경우가 많아졌다.

땅값은 이때부터 지역 주민 사이에 소리 없이 오르기 시작하여, 계획을 발표할 때는 이미 상당수준 오르게 된다. 따라서 이러한 투자정보는 빨리 입수할수록 싼값에 좋은 땅을 구입할 수 있는 기회를 잡을 수 있다. 개발정보가 일반화되면 해당 지역 땅값은 숨 가쁘게 오를 뿐 아니라 더 좋은 가격에 팔고자 하는 지주들이 매물을 거두고 시간을 벌려고 하기 때문에 좋은 땅을 값싸게 사는 건 거의 힘들어진다.

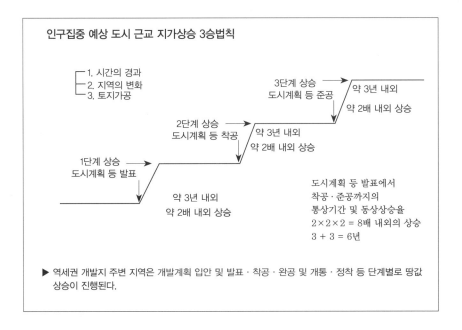

인구집중 예상 도시 근교 지가상승 3승법칙

┌ 1. 시간의 경과
├ 2. 지역의 변화
└ 3. 토지가공

3단계 상승 ── 약 3년 내외
도시계획 등 준공   약 2배 내외 상승

2단계 상승 ── 약 3년 내외
도시계획 등 착공   약 2배 내외 상승

1단계 상승 ──
도시계획 등 발표

약 3년 내외
약 2배 내외 상승

도시계획 등 발표에서
착공 · 준공까지의
통상기간 및 동상상승율
2×2×2 = 8배 내외의 상승
3 + 3 = 6년

▶ 역세권 개발지 주변 지역은 개발계획 입안 및 발표 · 착공 · 완공 및 개통 · 정착 등 단계별로 땅값
상승이 진행된다.

진정한 고수는 길을 읽는다

일반국도가 뚫리는 경우 양쪽 도로 사이의 부분은 다양한 진입로, 편리한 교통으로 인해 개발이 수월해지므로 이런 지역을 주목하여 투자하는 것이 좋다. 또 지방의 토지투자에 나설 때에는 산 밑으로의 막다른 길, 아직 포장이 안 된 길을 주목할 필요가 있다. 막다른 길은 어느 땐가 산을 뚫고 맞은편 도시로 이어지면서 교통이 좋아질 것이다, 포장이 안 된 길이 확·포장 되는 것도 시간문제다. 요즈음 지자체들은 주어진 예산으로 열심히 길을 뚫고 개선한다. 이런 막다른 길, 비포장도로가 있는 지역의 땅값은 아직 대체로 매우 저렴한데, 이런 땅에 일찌감치 투자하여 긴 장래를

보는 것도 좋다.

어떤 이는 장기적으로 길도 없는 산 중턱이나 산꼭대기 땅을 사두기도 한다. 이런 버려진 지역도 어느 땐가는 길이나 인터체인지가 생기고, 수몰지역이 되어 별안간 길에 붙는 좋은 임야가 되기도 한다.

도로법상 도로의 종류는?(도로법)

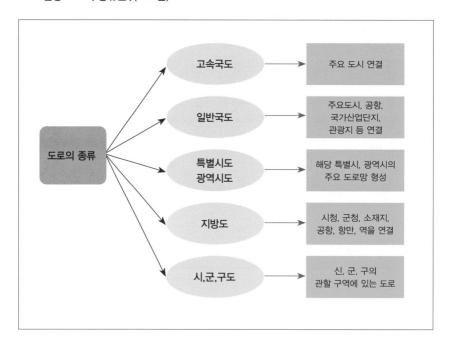

맹지도 투자대상이 될 수 있다

맹지는 진입도로가 없는 토지다. 집을 지을 수 없어 거래가 잘 안 되고 일반인이 피하는 전형적인 토지다. 거꾸로 맹지를 이용한 투자방법도 있다.

지금은 맹지지만 장차 국도가 확장되면 도로를 접하게 되는 땅도 투자가치가 있다. 맹지인 까닭에 이런 땅의 현재 가격은 낮지만, 도로를 끼게 되면 가격은 올라갈 수밖에 없다.

또 국도 노선이 바뀌면서 새롭게 도로와 접하게 될 가능성이 높은 땅을 찾는다. 굽은 허리를 바로 펴라는 투자 격언이 있듯이 국도를 확장할 때는 선형 개선도 함께 이루어진다. 구불구불한 길을 곧게 편다는 얘기다. 이때 새롭게 국도와 접하게 되는 땅의 투자가치는 높아진다.

그러나 길이 새로 난다고 해서 아무 국도나 고르는 것은 좋지 않다. 국도 중엔 큰 손해를 안겨주는 곳도 있어서다. 예를 들어 새롭게 개통될 예정인 고속도로와 나란히 달리는 국도는 절대 피해야 한다. 이런 길을 부채 도로라고 한다. 이런 길은 투자가치가 적다. 고속도로가 개통되면 통행 차량의 대부분을 고속도로에 뺏기게 되기 때문이다. 통행료를 지불하더라도 넓고 곧게 뻗은 고속도로를 이용하는 사람들이 훨씬 많고 이런 영향으로 국도변의 상가나 주유소 매출은 급격하게 줄어들게 된다. 땅값도 급격하게 떨어지게 되는 것은 당연하다.(맹지투자를 위한 노하우는 '맹지탈출'(이인수 지음)에 자세히 다루고 있다.

길이 뚫려서 더 나빠질 수도 있다

길이 뚫려서 사람과 차량의 통행이 잦아지면서 도로변 땅값이 오르는 것이 일반적이지만 꼭 그런 것만은 아니다. 오히려 땅이 더 나빠지거나 팔지도 못하는 쓸모없는 땅이 되어 버리는 경우도 드물지 않다. 수도권에서 출발하는 고속도로 중간 경유지의 인기는 오히려 떨어질 수도 있다. 사람들은 좋은 길이 생기면 시간이 허용되는 대로 멀리 혹은 끝까지 가고 싶어 하는 습성이 있기 때문이다.

고속도로변의 땅은 보상을 받는 부분을 제외하고는 땅이 잘리거나 혹은 개발이 어려워진다. 특히 경치 좋은 전원주택 후보지는 고속도로가 지나감으로써 오히려 그 가치가 크게 떨어진다. 고속도로가 생기기 전에는 교통은 약간 불편해도 아늑하고 인기 있던 지역이나 전원주택지가 고속도로가 뚫리거나 새로 IC가 생긴다든지 중간 지점의 통과지역이 되면서 오히려 비인기 지역으로 전락하는 경우도 있다.

우회도로로 인한 기존상권 몰락

고속도로나 자동차 우회전용도로가 옆으로 새로 나거나 꼬불꼬불한 길이 직선으로 펴지는 지역의 기존 도로변은 땅값이 많이 떨어지게 된다. 구도로에 붙어 호황을 누리던 주유소나, 휴게실 음식점, 특산물판매점 등은 지나가는 차량이 줄어들게 되어 영업부진과 폐업으로 치달리는 경우를 많이 볼 수 있다. 그런 지역은 오히려 전원주택지로 변화시키는 것이 좋겠지만, 주유소 등은 철거비용도 만만치 않다. 도로개설 정보에 어두워 이런 지역의 건물과 땅을 뒤늦게 구입한 경우, 정보에 어두워 잘못한 투자의 전형이라고 볼 수 있다. 우회도로가 날 것으로 예상되는 국도도 기피 대상이다.

많은 차량의 경유 지역으로 번성하던 시골 읍면의 중심 지역이 우회하는 지방도가 새로 생기거나 확장됨으로써 군 지역 상권의 흥망성세를 좌우하는 점도 간과해서는 안 된다. 우회도로가 생기면서 종전의 오래된 국도나 지방도로의 통과도로 지역이던 옛날 읍면의 도심지는 급격히 통행 차량이 줄어들어 매상이 격감할 수 있다. 또 도로 여건이 좋아지면 사람들은 흔히 더 큰 도시로 가서 구매를 하고 소비를 한다. 때문에 근처의 큰 시·군 중심 상가는 번성하는 반면 작은 군이나 읍면 소재지의 기존 상권은 죽을 수밖에 없다. 국도 확장이나 도로폭이 넓어지는 것이 반드시 모든 시·군에 호재로 작용하는 것만은 아닌 것이다.

우리나라 전 국토는 엄연히 '국토계획법'이라는 법률 아래 체계적이고 계획적으로 관리 운용되고 있는데 여기에 가장 기본적인 관리수단이 교통시설이다. 또한 그 중에서도 도로는 각 지역을 연결해 주는 근간이자 도시계획의 시발점이다. 그러므로 도로가 없으면 자동차도 다닐 수 없고 건물도 짓지 못한다. 도로가 있어야 건축도 하고 임야도 개간하며 호텔도 짓고 비행장도 건설한다. 결과적으로 토지에서 도로는 우리 몸의 핏줄과 같다. 이러한 도로가 있는 땅은 그 가치가 계속 상승하고 도로가 없는 맹지는 그 가치가 적기 때문에 가격이 주변보다 저렴하다. 이는 행정상의 도로 외에도 현황상 실제 도로를 만들어 땅을 이용하기도 하는 주된 이유인 것이다.

이러한 도로와 땅의 관계는 단순히 그 이용가치에만 국한된 것이 아니고 경제적 가치가 크기 때문에 도로가 없는 땅에는 도로를 내고 도로가 있는 땅은 내재가치의 성숙도에 따라 그 자체의 자산가치의 상승뿐만 아니라 개발이익에 대한 기대로 투자열기를 내뿜기도 한다.

Chapter 3.
토지의 가치 확인은 현장답사

지적도를 해독하라

투자를 위해 땅을 매입할 때는 무엇보다도 계약 전 현장답사가 중요하다. 서류에는 평지로 나와 있는 땅이라도 실제 가서 보면 경사가 심해 쓸모없는 땅으로 판명 나는 사례가 많기 때문이다. 특히 시골 땅은 서류상 내용과 실제 현황이 일치하지 않는 경우가 대부분이다. 대부분 일제강점기 시절 수작업으로 작성한 지적도를 고치지 않고 아직까지 사용하고 있어서다.

현장답사란 이처럼 서류로는 파악할 수 없는 땅의 실제상황을 직접 살피는 일이다. 현장답사를 갈 때는 카메라, 나침반, 지적도 등을 기본적으로 지참해야 하고, 최근에는 휴대용 녹음기를 들고 다니는 사람도 늘고 있다. 종이에 일일이 메모하는 대신 땅의 상황을 음성으로 녹음해 두는 것이다.

토지투자를 위해 현장을 답사할 때 반드시 지참해야 할 서류로는 지적도를 꼽을 수 있다. 답사할 땅의 위치를 정확히 파악하는 데 없어서는 안 될 서류다.

지적도란 '지적법'에 의해 땅 경계선 등의 사실관계를 일반에게 공시하는 공적 서류를 말한다. 대한민국 땅(대략 3000여만 필지)이라면 각각의 필지마다 지적도를 가지고 있으며 지목이 임야인 경우에는 지적도 대신 '임야도'라고 부른다. 이는 임야와 기타 토지를 구분해 관리하는 토지관리시스템에 따라 비롯된 차이다. 지적도와 임야도는 이름만 다를 뿐 내용에는 차이가 없다.

행정관청에서 발급하는 지적도(임야도)에는 기본적으로 지번, 축척, 경계선 등이 표기된다. 지적도의 발급은 땅의 소재지와 상관없이 전국 어느 행정관청(시·군·구·읍·면·동사무소)에서나 가능하다.

땅을 직접 살피러 현장에 나갈 때는 행정관청에서 정식으로 발급해 주는 지적도를 기본적으로 지참해야 하지만 이와는 별도로 민간에서 발행하는 축척 1/25000이나 1/50000짜리 업소용 지적도를 함께 지참하도록 한다. 민간에서 발간한 지적도에는 보다 상세한 기호와 지표가 표기돼 이를 참고하면 땅을 찾는 게 훨씬 수월하기 때문이다.

지적도를 통해 답사하려는 땅을 정확하게 찾아내는 것은 답사의 기본이다. 지적도를 근거로 땅을 찾는 요령을 모르면 서울에서 김 서방 찾기만큼이나 어렵다. 특히 1~2백 평 규모의 땅은 모양이 그만그만해서 전문가들도 구별하는 데 애를 먹는다. 따라서 기본적으로 지적도를 이해하고, 지적도를 통해 현장을 분석하는 안목을 가지는 것이 중요하다.

현장답사에서 지적도를 근거로 해당 토지의 위치를 찾아내기 위해서는 먼저 해당 토지의 '기점'을 찾아야 한다. 기점基點이란 답사대상 토지를 찾아내는 기준이 되는 자연물을 말한다. 대개 인접한 도로나 계곡, 하천 등이 기점이 된다. 이 기점을 확인하는 게 어려울 때는 대상 토지와 가장 가까운 곳의 농가주택을 찾아 도움을 받는 방법도 괜찮다.

이와 같은 방법으로 답사 대상 토지를 확인했으면 정확한 지적 경계선을 파악해본다. 해당 토지가 어디서 어디까지인지 확인하는 것이다. 그러기 위해서는 도로에 붙은 전면 길이가 얼마인지, 또는 가로, 세로의 길이가 얼마인지를 확인할 필요가 생긴다. 이때 지적도에서 1㎝는 1/1200 축척에서는

12m, 1/1600 축적에서는 16m를 나타낸다는 점을 참고하도록 한다. 인근에 전신주가 있다면 간격이 대략 50m이므로 이를 토대로 실제 거리를 가늠해보는 것도 좋은 방법이다.

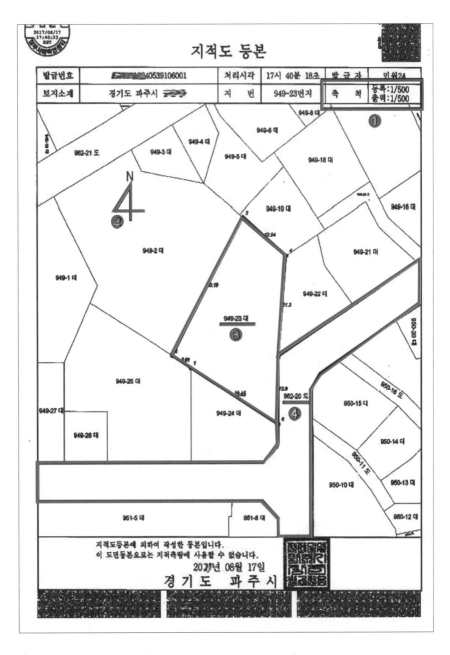

대략적인 위치와 면적을 파악했다면 다음에 지적도 상단을 정북에 맞추고 이를 기준으로 해당 토지의 방위와 향을 확인한다. 이 과정에서 반드시 확인해야 할 점은 실제 상황이 공부상의 표시와 일치하는지 여부다.

현재 우리가 사용하고 있는 지적도는 일제강점기에 만들어진 것으로 100년이 넘은 것이어서 지적도에는 멀쩡한 임야로 표기되어 있지만 현황은 하천이나 계곡일 경우가 있다. 세월이 흐르면서 물줄기가 바뀌어 발생한다. 때문에 해당 토지의 실제 경계가 지적도의 경계선과 일치하는지 반드시 확인해야 한다. 또 현황도로가 지적도의 도로와 정확히 일치하는지 확인하는 것도 필수다. 만약 일치하지 않는다면 지적공사 등에 측량을 의뢰해 이를 바로 잡아야 한다.

답사를 할 때는 국립지리원에서 발급한 1/25000 지도도 십분 활용한다. 따로 수첩을 들고 다닐 필요가 없다. 정보의 보고인 지도에 땅값, 소요시간, 시장 등을 비롯한 각종 편의시설, 도로상황에 이르기까지 모든 정보를 기록한다. 그렇게 하다보면 좀 더 확실하게 감이 잡힌다.

다음으로 대상 토지가 대략 확인됐다면 주변 중개업소에 들러 땅값 등 현지 분위기를 살펴보고 관할 시군구청을 찾아가 개발계획을 확인한다. 이는 지적도, 토지대장, 토지이용계획확인서 등을 떼어 보면서 답사를 통해 얻은 정보를 최종적으로 확인하는 절차다. 이때 반드시 체크해야 할 사항으로는 공법상의 이용 및 거래규제, 민법상의 소유권 및 재산권 제한, 주변 토지 이용계획 등이다.

발품은 기본, 손품도 필요하다

처음 시골에 있는 땅을 구해 전원주택을 짓고자 한다면 다소 막연하다.

먼저 대략적인 자금 계획과 나와 가족들이 '전원 둥지'를 틀고자 하는 광역적 지역(충청도 단양, 강원도 홍천 등)을 선택한 뒤에 현장답사에 나서도록 해야 한다.

만약 '인생 2막'의 귀촌지나 귀농지로 강원도 홍천을 택했다고 하자. 처음에는 가족여행 삼아 홍천 9경 등 관광명소 등지를 찾아다니며 홍천 전체를 두루 둘러본다. 홍천 전체의 분위기를 느껴보라는 얘기다. 이때 지나치게 관광지, 유원지화 되어 있는 곳과는 좀 거리를 두는 게 좋다. 호젓한 전원생활에 방해를 받기 십상이기 때문이다.

이렇게 다니다 보면 자연조건이나 투자가치 측면에서 만족할 만한 땅(크게는 리 단위, 작게는 마을 단위)이 가끔 눈에 들어온다. 순간적으로 '필'이 꽂히는 인연의 땅도 만날 수 있다. 이후에는 점찍어둔 곳을 대상으로 집중적인 매물 분석에 나선다.

매물 분석에서 발품은 필수다. 필자는 "부동산은 현장이다."라고 늘 강조하는데, 관심이 가는 매물의 땅은 시간을 두고 보고 또 본다. 그러나 발품 전에 손품도 필요하다. 그래야 실제 현장답사를 할 때 제대로 된 입지 및 투자 분석을 할 수 있다.

먼저 매물의 지번을 확인해 지적도와 토지이용계획확인서, 토지대장 등을 떼어보고 하자가 없는지를 체크한다. 그리고 인터넷으로 항공, 위성사진과 지도로 해당 매물의 위치와 주변 환경 등을 꼼꼼히 살펴본다.

이 과정에서 걸림돌이 바로 매물의 지번 확보다. 대개 부동산 중개업자들은 해당 물건의 지번을 노출하길 꺼리는데, 자기가 애써 확보한 물건을 자칫 다른 업자에게 가로채기 당할 수도 있기 때문이다. 어쨌든 시간과 비용 낭비를 줄이기 위해서는 매물을 답사하기 전에 미리 그 물건에 대한 지번을 확보해 기본적인 분석을 마치는 것이 여러 모로 이득이다. 그게 어렵다면 중개업자와 함께 한꺼번에 여러 물건을 둘러본 다음에 맘에 드는 매물의 지번을 확보해 꼼꼼하게 살펴본 뒤에 현장을 답사하고 종합 분석하는 방법을 택한다.

손품의 절차를 살펴보자.

먼저 1/1200 축적으로 된 지적도를 통해 땅의 모양을 본다. 가급적 용도대로 이용하기 쉬운 모양이어야 한다. 들쭉날쭉하거나 길쭉한 것은 좋지 않다. 정방형이면 금상첨화. 2필지로 나눌 수 있다면 자금부담을 덜 수 있는 공동 매입도 가능하다. 도로가 길게 접해 있는지, 인근에 개울이 있는지 등도 파악한다.

그런 다음 항공, 위성사진으로 넘어간다. 국토교통부와 LH에서 운영하는 온나라부동산정보통합포털(www.onnara.go.kr)이나 다음(www.daum.net) 지도를 이용하면 된다. 지적도에 나와 있는 토지 상황이 항공, 위성사진으로도 그대로인지를 살핀다. 사진을 크게 확대해보면 주변의 축사, 구거(도랑), 분묘 등 주거환경을 파악할 수 있고, 축소하면 고속도로나 국도, 지방도 등 교통 여건과 인근 도시나 읍·면 소재지와의 접근성 등을 한눈에 볼 수 있다.

지도에 표시된 등고선도 살핀다. 등고선을 살필 때 매물 주변 지형의 등고선이 좁고 두 개의 선이 매물을 지나간다면, 이 매물은 경사도가 심하고 토목공사를 통해 택지를 조성했다는 걸 알 수 있다. 등고선을 통해 경사도를 파악할 수 있을 뿐 아니라 현대 풍수에서는 이를 통해 명당자리도 찾아낸다. 등고선과 등고선 사이는 별도로 등고선 높이를 표시하지 않는 한 10m이다.

임야의 경우 지난 2009년부터 서비스를 개시한 산지정보시스템(FLIS)을 활용하면 평균 경사도와 지형, 지세, 토양, 수밀도, 수령 등을 다양하게 검색할 수 있다. 인터넷 지적지도를 유료로 서비스하는 곳(www.geopis.co.kr)도 있다.

등고선 분석을 통해 급한 경사와 그에 따른 사용 가능 면적의 감소 등 해당 매물의 최대 결점도 찾아낼 수 있다. 지적도와 항공, 위성사진으로 볼 때

하자가 있는 매물이라면 현장답사를 취소해서 헛걸음을 줄이는 것이 상책
이다.

등고선을 이해하면 땅이 보인다

등고선과 지형의 관계

등고선의 특색		지형
간격	좁다	급경사
	넓다	완경사
굽이	산의 정상쪽을 향한다	계곡
	정상에서 먼쪽을 향한다	능선
응용문제 : 등고선의 간격이 좁게 나타나는 지역은?		

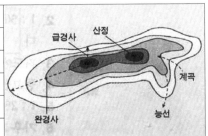

- 급경사 → 간격이 좁을수록
- 완경사 → 간격이 넓을수록
- 산봉우리(산정) → 원 모양을 이루면서 작게 그려진 부분
- 골짜기(계곡) → 봉우리 쪽으로 굽어든 부분
- 산등성이(능선) → 바깥쪽으로 내민 부분

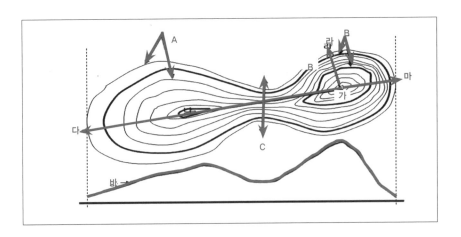

① 주곡선
- 주로 많이 그린다고 해서 주곡선으로 칭하며 'B'를 가리키며 가는 실선으로 되어 있음.
- 주곡선과 다음 주곡선의 간격은 1/25000지도에서는 10m를, 1/50000 지도에서는 20m를 나타냄.

② 계곡선
- B의 형태로 굵은 선으로 되어 있음.
- 계곡선과 계곡선의 간격은 1/25000 지도에서는 100m를, 1/50000지도에서는 200m임.
- 주곡선 5개마다 하나씩 그리는 것이 계곡선임.

③ 능선
'가' 지점에서 '나' 지점 사이가 산의 능선임.

④ 계곡
C선은 계곡으로 물이 흐를 것으로 예상됨.
- '가' 지점에서 '다' 방향으로는 경사가 완만하다고 볼 수 있음. 주곡선과 다음 주곡선의 간격이 넓으면 경사가 완만한 것임.
- '가' 지점에서 '라', '마' 방향은 급경사임. 주곡선과 주곡선의 간격이 좁으면 급경사를 나타냄.
- 위 등고선 대로라면 '바'와 같은 산의 형태를 짐작할 수 있음.
- 따라서 위 등고선을 가진 임야라면 '나' 지점에서부터 '다' 지점은 개발의 여지가 있으나 '가' 지점부터 '라', '마' 지점은 개발하기가 곤란할 것임.
- 위 등고선도가 1/50000지도이고 '바' 선의 끝 지점에 도로가 있다면 표고차는 '가' 지점이 200m이고, '나' 지점이 140m임을 알 수 있음.

지적도, 등고선, 지도를 활용하라

토지이용계획확인서를 인터넷으로 열람한 후 온나라토지정보사이트에서 토지 주변 임야를 체크한다. 그리고 1/50,000 지도를 가지고 온나라정보사이트에 나온 등고선을 축소 확대하며 위치를 찾으면 우측의 사진 100번, 101번, 103번처럼 비교해볼 수 있고, 어느 지역 어느 정도에 물건이 있는지 정확히 파악할 수 있다. 특히 물건지의 방향, 경사도, 물건지의 도로 접근성, 물건지 주변의 취락마을 형성 등을 현장답사 전에 추론을 통해 파악하는 게 가능해진다.

지도에 수익이 있다

부동산투자에서도 장기 투자에 속하는 토지투자는 개발계획도 중요하지만 지도를 볼 줄 아는 눈이 필요하다. 지도를 보고 있으면 마치 높은 곳에서 내려다보는 것과 같아 전체를 한눈에 볼 수 있다. 항공사진기술이 발달해서 현대의 지도를 보면 국토의 모세혈관 같은 도로들이 상세히 보일 뿐 아니라, 시가지가 뻗어가는 방향까지도 예측할 수 있다. 막대한 비용을 들여 항공기를 타지 않더라도 손쉽게 볼 수 있는 지도는 가장 중요한 부동산투자정보 자료임에 틀림없다.

나이든 투자자 중에는 1/1200 지적도나 1/5000 임야도를 현미경을 사용해가며 해부하듯 땅을 재단하는 사람들이 있다. 미세한 부분까지 정확성을 기하는 것도 좋지만 부동산가격을 형성하는 요인을 비교할 수 있는 지도를 가지고 가장 빨리, 가장 크게 자금 흐름을 포착해내는 것이 중요하다.

지도를 보는 방법을 몰라 고민하는 사람도 있다. 이런 경우에는 1/25000

지형도를 이용하는 것이 좋다. 1/25000 지도에는 지형, 지세뿐 아니라 지도 말미에 각종 기호와 부호까지 표시돼 있어 그대로 읽기만 하면 된다.

지도를 보는 데 있어 투자자에게 가장 중요한 것은 교통시설, 즉 기차역·고속도로 IC·간선도로·연결 지선 등과 지역을 가르는 산과 하천의 경계, 경지정리가 된 논과 미정리 된 논을 가르는 선, 임야의 경사도를 보여주는 등고선, 항구와 다른 대중교통시설을 이어주는 연결선 등이다.

예를 들어 아파트 주변에서 상가로의 변신을 꿈꾸는 임야나 농경지를 구입하려는 투자자라면 아파트를 분양하는 곳마다 그 부지에 포함된 지적경계를 지도에 표기해두고 진출입로를 기록해가면 의외로 쉽게 후

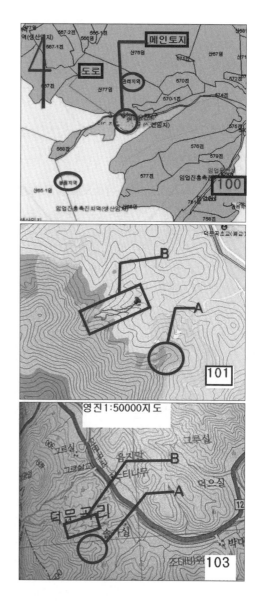

속 아파트 부지와 그에 따른 상가 예정지를 예측할 수 있다. 가장 적은 비용으로 유용한 정보를 얻을 수 있는 지도를 잘 활용하면 지름길로 한걸음 앞서나갈 수 있다.

지도의 종류와 용도

앞에서 알아본 지도의 종류는 사전적인 분류이고 실재하는 지도의 종류를 보자.

① 지도책자
- 전국 지도책 : 전국도로지도(1/100,000, 1/ 120,000, …)
- 권역별 지도책 : 수도권 상·하편, 중부권, 남부권, 동해남부권 등등.
- 활용도는 대상 부동산까지 찾아가는 자료와 주변에 도로망이나 관광지 등 지역적 분석에 활용함.

② 일반지도
- 전도 또는 지역도가 있다. 대부분 1/200,000 이상으로 되어 있다. 흔히 보험사나 각 지자체에서 무료로 제공되는 경우가 많다.
- 활용도는 지도책보다는 광역에서 찾아가는 경우, 휴대용으로 활용한다.

③ 지번도
- 시군별 지번도(책자, 도면) (1/5,000, 1/7,500, …)
- 지역별, 권역별 지번도(책자) (1/5,000, 1/75,000 …)
  * 추천 지번도 : 현재 자신이 거주하는 지역의 지번도 책자부터 구입. 그 다음 관심 지역이나 집중 투자대상 지역으로 확대 구입.
  * 해당 지역의 도면을 구입하여 사용할 수 있음.
- 활용도는 대상 부동산의 위치를 정확히 파악할 수 있다.
아울러 주변의 토지 구성 현황과 대상 부동산의 도로 인접 여부나 하천 등의 연접 여부 등을 파악하는 데 활용한다.

④ 개발계획도면
- 제4차 국토종합개발계획도(1/375,000)
- 시·도별 또는 시·군·구별 개발계획도
- 도시계획도면 : 각 시·군·구별
- 토지이용계획확인서 : 시·군·구청에서 발급, 개별필지 분석시에 발급받아서 활용. 지번도가 없는 경우 가급적 A4 용지로 발급 신청하는 것이 유리하다.
- 활용도는 현재 대상 필지에 대한 개발계획을 파악하는 데 활용.

국토종합개발계획이나 시·도별, 시·군·구별 개발계획도는 대상 부동산에 미치는 영향을 파악하는 데도 활용하지만 향후 개발계획의 예측이나 실행에 따른 주변 지역의 파급효과 등을 파악하는 데도 중요한 도면이다.

⑤ 지적 · 임야도
- 지적도 : 1/500, 1/600, 1/1200, 1/2400
- 임야도 : 1/3000, 1/6000. 개별필지를 분석할 때 발급받아서 활용하며, 지번도가 없는 경우에는 가급적 A4 용지로 발급신청을 하는 것이 유리하다.
- 활용도는 실제 대상 부동산의 경계를 확인하고 이용도를 분석하는 데 반드시 필요한 도면이다.(물론 정확한 것은 측량을 필요로 함.)

⑥ 지형도(등고선도)
- 지형도 도면 : 1/25000, 1/5000
- 활용도는 등고선이나 하천등 중요 지형 지물이 나오는 것으로서 옛날에는 군사지도로 활용하였던 것으로 생각하면 된다. 부동산의 위치나 주변 정황 파악과 경사도를 파악하는 데 활용한다.

성공적인 답사를 하기 위한 임장준비

부동산 답사는 단순히 좋은 물건이 있다고 무작정 따라 나가는 것이 아니다. 필자가 수시로 떠날 때의 현장답사 스토리와 현장을 파악하는 방법에 대하여 적어보기로 한다. 부동산을 구입하지 않는 분들은 불필요하고 딱딱한 이야기이겠지만 현장답사를 위한 준비와 현장에서의 체크사항, 그리고 소개인들과의 협상방법과 그 뒷얘기들은 실로 참고할 만한 것이 매우 많다.

답사를 하기 전에는 답사를 가야 하는 조건이 있다. 조건이 성립되지 않는다면 답사는 하지 않는다.
① 구입목적과 맞는가? 투자인가? 아니면 개발 및 활용하기 위한 목적에 맞아야 한다.
② 예산 및 주변 시세보다 저렴한가?
③ 용도지역이 활용 및 개발에 적합하여 인·허가가 가능한가?
④ 소개인의 소개 수수료가 적정한가? 답사 전에 지급하여야 할 수수료를 결정짓는다. (이 부분에서 소개 수수료는 일반인이 이해하기 어려운 수수료를 지불하는데 단, 그만한 수수료를 지급하기 위해서는 매도 조건이 좋아야 하며, 매도인과 협상 테이블을 우리에게 오픈하여야 한다.)

대체적으로 항상 깔끔한 답사와 시원하게 구입 결정을 하는 사람들은 위의 몇 가지에 대하여 분명히 하고 답사를 한다.
위와 같은 협상을 '사전조율'이라 하는데, 사전조율이 끝나면 답사할 서류를 넘겨받아 검토를 한다. (보통 조율과 함께 서류를 건네받지만 조율이 안 되면 서류를 돌려준다.)
답사를 하기 전에 서류상으로 아래와 같은 몇 가지 파악 가능한 부분의 정보를 입수한 후 답사를 떠나게 된다. 현장답사를 할 때 소개인은 대동하지 않는다.

물건 답사는 서류와 현장 파악으로 직접 판단하고, 부지의 경계는 주변의 지형, 지물을 이용하면 70~80% 파악이 가능하나 계약을 할 때 진입도로 등은 경계 측량까지 실시하여 이상이 없음을 확인하고 계약을 체결한다. 필자의 경우 소개인의 말은 팔려고 나온 물건이라는 정보 외에는 아무것도 믿지 않는다. 단, 매도 가격만 참고할 뿐이다.

■ 사례

이번 현장답사는 위와 같은 사전조율 없이 대상지의 지적도와 매도 가격만 들고 나서게 되었다. 금액이 크고 일단, 매도 가격이 마음에 들어서 다녀온 뒤에 매도인과 협상을 해도 좋을 것 같다는 판단에서였다. 구입을 위한 목적은 휴양용 주말농원을 개발하기 위한 부지 물색이었다.

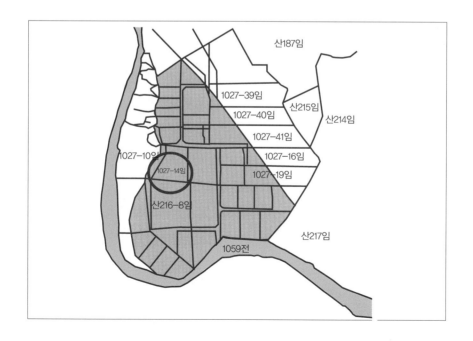

물건지 개요

① 홍천 서면

② 임야

③ 일부 준보전임지 및 일부 보전임지

④ 16,000평

답사 전 준비서류

① 현장 지적(임야도) : 축척 1/5,000

② 간선도로에서 현장까지 연결도로가 표기된 지적(임야도)

③ 현장 지형도

답사 전 서류로 파악이 가능한 요소

① 서하향 완경사 및 일부 남측 급경사 지대

② 서측 세로 폭 2~3m 도로 접

③ 서, 남측 하천 접

④ 전체를 수십 필지로 분할한 상황으로 봐서 매도인이 개발업자이거나 분양업자에게 분양을 의뢰한 뒤 진행이 중단, 또는 보류된 상태. (추측)

⑤ 분할 형태로 봐서 단순 매도작업을 시도하였을 가능성이 매우 많으며, 매도 가격이 오픈된 상태일 것 같음. (추측)

답사를 할 때 주요 체크사항 결정

① 서측 2~3m의 도로가 하천과 접하여 유실 가능성 있음. 도로가 개설되어 있을 경우 현황도로와 지적상 도로의 경계 파악.

② 간선도로에서 진입도로가 일부 끊겨져 있어 추후 맹지가 될 가능성이 있으므로 이에 대한 탐문 및 서류를 확보하여 세부 조사.

③ 준보전과 보전임지의 경계 파악.

④ 지형도와 현황의 지형이 맞는지 파악.

⑤ 부지의 하천으로 유실 상태 파악.

⑥ 일조권.

⑦ 개발시 최종 하수방류구 지점 파악.

⑧ 전기, 전화 전주의 현장과의 거리 파악.

⑨ 인근 지역의 건축물 형태 및 용도 파악.

⑩ 하천의 경관 수준 파악.

⑪ 준보전지역의 개발시 가장 편안한 단지 내 도로개설의 구간 파악 및 구간의 임야 경사도 파악.

⑫ 기타 인근 혐오시설의 유무 및 입지 예정 등에 관한 정보 탐문.

이와 같은 절차를 보통 2일 정도에 걸쳐 준비하고 답사일자를 계획한다. 일반적으로 "좋은 물건이 나왔다."는 말을 듣고 무심코 따라나서는 것은 대단히 위험하다. 소개인이 사기를 칠 수 있어서가 아니다. 실제 중요한 것은 본인이 어떠한 목적으로 구입할 대상을 찾는지와 답사 물건이 그 목적에 적합한지에 대하여 정확히 판단하고 답사를 결정하여야 하기 때문이다. 부지의 경계 및 도로가 하자가 없는지에 대하여는 그 다음 문제다.

가끔 계약 후에 "소개인이 그랬는데…."라면서 후회하는 일이 많은데, 이런 경우는 매입자에게도 책임이 있음을 알아야 한다. 소개인은 소개인일 뿐 책임지는 사람이 아니다. 중개업소의 중개인도 단지, 중개하는 사람이며 하자가 생겨도 일부의 책임밖에 없다. 공제조합에서 보상할 수 있는 한도도 매우 적다.

Chapter 4.
과학적 토지투자 매뉴얼

부동산투자의 가장 큰 과제는 평가

올바른 평가는 투자 대상을 가늠하는 잣대로서 지식과 경험을 바탕으로 객관적이고 현실적이어야 한다. 이론적 성찰과 물리적 현황을 철저하게 분석하여야 하고 가급적 대상 지역의 거래와 경제 동향도 파악해야 하기 때문에 매우 지난한 작업이다. 특히 토지투자에 있어서는 더더욱 그렇다.

아끼고 아껴서 모은 거액을 미개발의 '땅'이라는 부동자산과 맞바꾸면서 그 교환 가치에 대해 제대로 파악하지 못한다면 힘들게 모은 돈을 날려버리는 불행을 감내해야 하기 때문에 분석의 중요성은 아무리 강조해도 지나치지 않다.

지방의 토지 시장에 한 획을 그은 건 바로 참여정부였다. 법률·용도지역의 통합과 세분화로 토지적성평가에 개별성을 부여했고, 이는 필지별로 가격의 차등을 가져왔다. 거기에 IMF 이후 재산증식에 목마른 국민의 기대심리에 정부기관과 공기업을 전국에 분산 배치해 수도권에 집중된 인구를 지방으로 분산시킨다는 공약은 정책으로 이어져 투자심리에 불을 지피기도 했다. 하지만 이런 흐름에 편승한 대다수의 투자자들은 기대에 미치지 못하는 수익으로 지금까지도 고통 받는 실패한 투자자들로 남았다. 공약과는 달리 임기 내에 이루어진 성과가 없었기 때문이다. 기획부동산에 속아서 매입한 도로 없는 바둑판 염전이나 임야가 대부분인데 매매도 개발도 안 되니 대출까지 받아 투자한 돈을 날리는 마이너스 프리미엄의 부작용이 토지 시장에도 등장한 것이다.

사실 많은 투자자들이 기본적인 지식마저도 없는 경우가 많다. 투자의 고수가 아니라면 이제는 지식과 경험을 쌓는 것 이외에 서포터도 필요한 시기가 아닌가 한다. 든든한 지원 세력은 자신이 보지 못한 부분을 일깨워 줄 수 있고 마음이 안정된 상태에서 '투자 적격'이라는 어려운 결정을 쉽게 내릴 수 있도록 도와준다.

이제는 "남들이 가니 나도 간다."는 식의 투자가 아닌 확실하게 검증된 방식으로 가치를 분석하고, 흔들림 없는 안정된 투자 방법을 모색하기 위해 서포터의 한 사람으로서 여기 필자 본인의 방식으로 분석하는 밸런스 시트를 소개한다.

목표 부동산은 일반 일반매물이 아닌 법원 경매로 나온 물건 중 2회 이상의 유찰로 나름 시세 대비 가격경쟁력이 있는 대전지방법원 서산지원에서 진행 중인 충남 당진의 한 물건이다.

이 물건은 감정가 20,600만 원에 신건에서 25,100만 원(122%)으로 낙찰되었으나 대금 미납으로 유찰되어 70% 가격에 다시 진행되고 있는 착한 가격의 물건이다.

토지 현장 분석보고서

토지투자개요

위치	충남 당진시 신평면 한정리 188 외 1 필지(연접) 사건번호 2015 타경 00000	
면적	656 평(2,169 ㎡) (나)대지 82 평, 전 574 평	
매매시세	35~40 만 원/평	
상담	투자목적	순수 투자
	투자자금	약 15,000 만 원(최저가 144,235,000 원)
	투자시기	2012. 8. 6 기일입찰
	현재운용	은행예치

공법상 개발가치 분석표

1. 용도지역	계획관리지역(대)/생산관리지역(전).	
2. 용도지구	해당없음	
3. 용도구역	가축사육제한구역(일부 제한)	
4. 도시관리계획	금천—매산간 지방도 확포장공사 완료(30m 이격), 대한철강 지구단위개발 중.	
5.도시계획시설	도로, 합덕—대산 간 산업철도(예정), 당진—천안 간 고속도로 예정.	
6. 개발가능시설	용도구분	국토법/령 및 관계법 허용 중분류 28 종 중 23 종 개발가능
	양적구분	
7.법정 건폐율	40%	
8.법정 용적률	100% 이하	
9. 이용적 제한요소	사선제한	해당 없음
	인접시설	대한철강, 선진정공 등 중소기업 분포(반경 5km)
	진입도로	콘크리트 포장도로(3m) 접
10.지목분석	지목	대지 1 필, 전 1 필지
	용도	단독, 근생, 빌라, 원룸 등
	변경성	주변 취락 형성으로 용도지역 변경 가능성 있음
11.평 가	활용성	기업 근로자 증가로 인한 임대주택 활용성
	규모성	중 하

12.의 견	─투자적격 : 석문─송산─송악과 지역 중심 합덕을 연결하는 동선 확보. 당진항만 진입도로 연결로 매산리, 부수리, 한정리 산업 및 물류기지에 대한 기대감고조. 당진─천안 간 고속도로 신평 IC 약 5km 지점. 철강산업단지 배후도시 성격의 입지 조건. 공법상 규제 거의 받지 않음. ※ 유의사항 : 신건에서 낙찰 후 대금 미납으로 재진행 물건이며 특별 매각조건(보증금 20%). 유찰 사유 확인 요망. 농취증 필요함.(미제출시 보증금 몰수)

입지 및 지역분석표

<table>
<tr><td rowspan="11">1. 입지요소</td><td rowspan="7">토 지 자 체</td><td>형 태</td><td>직사각의 정방형 토지</td></tr>
<tr><td>고 저</td><td>도로와 약 1m (생산관리 전)</td></tr>
<tr><td>경 사</td><td>거의 없음.</td></tr>
<tr><td>향</td><td>남서</td></tr>
<tr><td>지질</td><td>황토</td></tr>
<tr><td>재해경력</td><td>없 음</td></tr>
<tr><td>자연요소</td><td>기후와 풍토가 좋은 쾌적한 전원환경</td></tr>
<tr><td rowspan="4">입지환경</td><td>도로</td><td>시도 13호선(12~15m)과 포장도 3m</td></tr>
<tr><td>대중교통</td><td>시내버스 통행</td></tr>
<tr><td>인접지 상태</td><td>신평면사무소 인접(행정. 쇼핑. 의료. 학교 약 4km)</td></tr>
<tr><td>유사입지상태</td><td>기존취락 및 도시 인접</td></tr>
<tr><td rowspan="2">2. 지역요소</td><td>배후지 규모</td><td colspan="2">면사무소 인근 금천리, 거산리 일대 3000세대 이상 도시형성. 인구 11,000명 거주 및 외래 유입인구 증가 중</td></tr>
<tr><td>배후지 용도</td><td colspan="2">주거, 관광, 산업의 기능 복합</td></tr>
<tr><td rowspan="5">3.환경요소</td><td>배후지사이클</td><td colspan="2">서해안고속도로 개통 이전 형성된 수도권 관문도시인 신평은 과거 형성된 지가가 조정기를 거쳐 침체기에서 회복기로 진입 중</td></tr>
<tr><td>배후 대체지</td><td colspan="2">송악 IC 인근 복운리 이주단지 및 황해경자구역 송악지구</td></tr>
<tr><td>SOC 정책</td><td colspan="2">연결. 당진─천안 간 고속도로 신평(운정) IC 약 5km 근접. 대산항 연결 서해산업철도 한정리 통과 및 물류기지 예정. 서해안고속도로 송악 IC 5km 거리</td></tr>
<tr><td>사회요소</td><td colspan="2">귀농인구 및 철강관련 기업 종사자 대거 유입됨으로 주택임대사업 유망</td></tr>
<tr><td>자연요소</td><td colspan="2">당진 8경 서해대교, 맷돌포구 약 3km, 토양, 기후, 강수량 좋으며</td></tr>
<tr><td>분석방법 및 자료</td><td colspan="3">1. 분석방법:기타 현황조사. 2025 당진도시기본계획 및 관리계획, 당진친환경개발을 위한 업무처리지침 참고.
2. 첨부자료:지적공부, 현장사진, 2030 도시기본계획 개발계획도</td></tr>
</table>

경제성 분석표

투자수익	직접수익	연평균수익률	19.25% (자료 1)
		추가상승 가능률	90% (자료 2)
		추가하락 가능률	*
		적용상승률	109%
		현재 토지가격	15,000만 원(낙찰시)
		적용가격	310,350,000원
투자비용	토지대금	15,000만 원 (낙찰시 평당가 228,658원)	
	취득세제	대지 13,360,300×4.6% = 614,573 원, 전 73,073,000×3.4% = 2,484,482원 계 : 3,099,055원	
	보유세제	종합토지세 : 전(0.7/1000) = 51,511원, 대지(2/1000) = 26,720원 계 : 78,231×3 = 234,694 (3년)	
	수수료	없음	
	소계	약 153,333,000원	
CG(자본이득)		약 157,017,000원	

자료 1. 토지가격 연간 상승률 단위 : 평

구분	2008년	2009년	2010년	2011년	2012년	평균
시간	18 만원	23만 원	27만 원	30만 원	35만 원	
		27.7%	21.7%	11%	16.6%	19.25%
공시지가	120,331원	132,893원	136,199원	142,480원	162,976원	
		10.4%	2.5%	4.6%	14.4%	7.97%

자료 2. 추가상승 가능률 (향후 3년 예상치)

상승재료	예상상승률	비교근거(사례)
당진―천안간고속도로 접근성 향상	현가의 100%	서해안고속도로 송악 IC, 해미 IC 지가 동향
당진항 연계 물류기지 개발	현가의 100%	평택항 포승지구 지가 동향
송악경제자유구역	현가의 50%	당진 최대 경제적 파급효과
신평도시지역개발	현가의 50%	당진읍 송산, 석문 택지지구 분양가 비교
신평지역 주택임대수요 증가	현가의 150%	송산, 석문, 송악지역 원룸부지 지가 동향

자료 3. 인근 시세조사표

구분	유사경쟁재		
위치	신평면 금천리 180—1	신평면 한정리 137	신평면 운정리 35
용도지역	도시지역 · 자연녹지	계획관리지역	생산관리지역
지목	전	답	전
현황	도로 접 농경지	도로 접한 논	삽교호 인근 농지
면적	1617평	975평	150평
주변환경	취락마을 인접한 농지	전원 환경	삽교관광지
도로	3m 도로	3m 포장도로	3m 포장도로
시세평균	38만 원/평	37만 원	55만 원
정보출처	현지 부동산중개업소	지주 매매 의뢰	지주 매매 의뢰

등기부등본 분석표

표제부 분석	소재지번	충남 당진시 신평면 한정리 188, 189—1
	지목	대지 271 ㎡, 전 1898 ㎡
	면적	656.12 평
경제성 분석	— 향후 현 시가 대비 수익률 100% 이상 예상됨. — 현 감정가 대비 최저가 70%로 더 이상 유찰은 예상되지 않음. — 최저가와 유사한 가격으로 낙찰시 시가 대비 평당 12 만 원 이상은 수익률 확보됨.	
권리 분석	— 소유권 이외의 권리 없으며 안전함	
종합의견	— 자본이득(C/G)과 개발시 임대수익(I/G)을 동시에 노릴 수 있는 신평지역에서는 좋은 투자처로 손색 없음. 입찰 적극추천!!	
주의사항	— 개발을 염두에 둔 실수요자는 대지의 비율이 낮으므로 토지 합병 및 형질변경에 따른 리스크(비용 및 건축 인허가 관련) 관리 요구됨. — 단기 매매하지 않을 시 농지(전)에 대한 자경의무는 지역 농민과의 임대차 및 농지은행에 임대수탁계약체결 필수.	

2015년   월   일

		소유권 형태	단독소유	정OO 단독
갑구 분석			공동소유	
		소유권 취득 원인	경매	
		양도담보	*	
		이전 소유권 안전성	안전	
		매매예약 여부	없 음	
		담보설정 여부		
		처분제한 여부		
을구 분석		담보물권 설정여부		
		담보물권 잔존채무		
		담보물권의 성격		
		지상권의 기간		
		지상권의 유무		
		전세권의 유무		
		임차권의 유무		

종합의견서

기요	내용	신평면 한정리 188 외 1 필에 대한 투자분석
	의뢰인	OOO 님
	상담	CFP
공법상 분석		― 활용용도 제한 거의 없음..규모 제한 있음.개발가치 다소 높음 ― 단독, 공동주택, 제 1,2 종근생 외 국토부지정 28 종중 23 종 개발가능
입지 분석		― 고속도로 I.C에서 5㎞ 인접. 서울 강남까지 약 90km. 1 시간 대 진입. ― 도시개발지역과 북, 남측으로 약 5km.. ― 주변 주거, 관광 및 산업 Infra 충분하며 지속적 유입 중 ― 신평면 한정리는 매산리와 더불어 송악 IC 의 접근성과 해안이 가까워 당진에서도 귀 농/전원생활자들의 수요가 풍부한 지역임.

Chapter 5.
평가지표를 활용한 토지투자법

흔히 모든 부동산의 가치는 '위치'에 있다고 한다. 위치란 해당 부동산의 가치를 결정짓는 최상위 잣대다. 호재에서 가깝고 멀고의 차이다. 그렇다면 가깝다는 표현은 어느 정도의 거리를 말하는 것인가?

도시에서의 좋은 부동산이란 보통 '역세권'으로 표현된다. 대중교통의 대명사, 즉 '철도 역사의 세력권'이라는 말인데, 역의 세력권은 과연 어느 정도의 거리란 말인가?

지난 2010. 4. 15일 시행된 '역세권의 개발 및 이용에 관한 법률' 제4조(개발구역의 지정 등)에 보면 "보다 체계적이고 효율적으로 개발할 필요가 있는 지역을 특별시장이나 광역시장이 지정할 수 있다."고 되어 있으나 몇 미터인지는 표시하지 않고 있다.

다만, 역세권의 최소 지정 면적은 철도역의 증축, 개량 면적이 3만 ㎡ 이상이고 개발구역의 면적이 30만 ㎡(약 9만 평) 이상인 경우 국토교통부장관이 지정하여 1.5배(50%)의 건폐율과 용적률을 상향조정할 수 있도록 하고 있다.

이 대목에서 개발제도와 법률 제정의 심의위원인 도시공학 교수 등 전문가들이 발표한 선진국의 사례와 지침을 참고해야 한다.

「철도역세권 개발제도」의 도입 방안에 관한 공청회 자료(2003. 6)를 인용해보자.

투자를 위한 역세권 분석

1. 접근성 측면에서 보행자가 철도역을 도보로 접근할 수 있는 최대 거리를 중심으로 설정하는 도보권역.
2. 토지이용, 용적률, 건폐율 등의 공간적 특징으로서 철도역이 입주함으로써 지가나 주택 가격 등 부동산 가치의 변화에 큰 영향을 받는 경계 구역 내부 공간.
3. 역사를 중심으로 한 공공영역, 시장영역, 환경적 도시영역 서비스가 미치는 토지이용의 영향권.

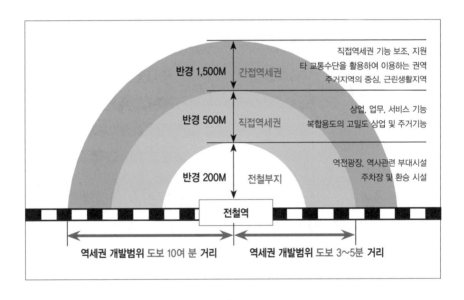

공청회 자료에 의하면 역세권의 기능은 '여러 교통수단으로 환승하는 지점이며 도시 중심지역으로서 주요 서비스를 공급하는 중추적 기능'을 가지고 있는 곳으로 요약된다.

가장 중요한 공간 범위는 철도를 도시철도, 일반철도, 고속철도로 분류하여 300m, 500m, 1,000m로 분류하고, 이내는 직접 역세권, 이외는 간접 역세권으로 구분한다.(걸어서 10분권역) (일본 오사카는 역사 등급별로 360m, 540m, 720m. 워싱턴은 1,400m. LA는 530m, 800m)

그렇다고 300m 이내는 역세권이고 10m를 벗어났다고 해서 역세권이 아니라고 해서 가치가 크게 차이 나는 건 아니다. 어쨌든 같은 값이면 굳이 벗어난 지역을 선택할 필요는 없다는 말이다.

동계올림픽이 유치되면서 고무된 강원도 평창지역도 원주−강릉 간 복선전철사업으로 역사 거점지역을 중심으로 다시 한 번 지가가 요동쳤던 걸 보면 역세권이 토지 시장에 주는 파급효과는 실로 대단한 것이나 가급적이면 역세권의 공간적 범위를 미터 단위까지 계산하여 투자한다면 더욱 큰 수익을 기대할 수 있지 않겠는가, 하는 점에서 자료를 근거로 제시하는 것이다.

이러한 감각이 탁월한 투자자들은 역세권의 개념과 범위를 염두에 두고 지금도 신설 철도 등의 역세권 기능에 충실한 토지를 물색한다.

사실 지가를 올리는 가장 큰 요소는 투자자들의 미래에 대한 기대감이다. 기대감은 거래를 낳고 거래는 토지소유주들의 매도 희망가를 부추긴다. 그러나 정작 개발이 착수되어 실제 역세권의 후광효과를 누리는 토지가 극명해지면 그때 비로소 'm 단위 투자법'이 빛을 발할 것이다.

역세권의 개발 절차

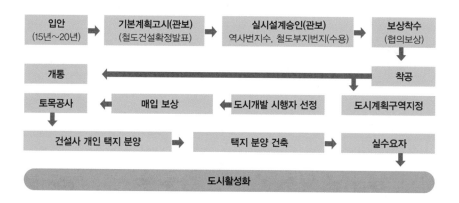

토지적성평가 지표를 활용한 투자법

토지적성평가지침은 대한민국 모든 토지의 개별 적성을 조사하여 5년 단위의 재정비계획인 '도시관리계획'의 평가지표이다.

과거 2004년 국토이용관리법이 '국토의 계획 및 이용에 관한 법률'로 개정될 당시 준도시, 준농림지역을 관리지역으로 통합하고 보전, 생산, 계획

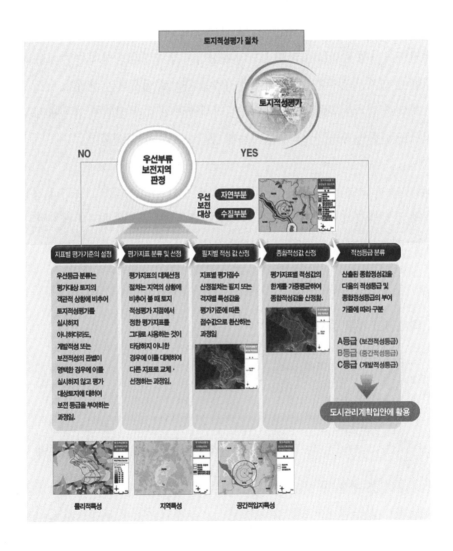

관리지역으로 세분화하던 지침이다. 세분화가 거의 완료된 현재도 등급이 되면 도시관리계획으로 용도지역을 변경하고 있으므로 이 지침은 토지의 공법상 분석을 하기 위한 필수 항목이라고 할 수 있다. 그럼에도 투자자는 물론이고 중개자인들까지도 이 지침을 무시하는 경향이 많다.

이 지침은 도시계획 전문가가 필지별로 개발적성, 농업적성, 보전적성으로 분류하는 것으로 전문지식이 부족한 일반인인 투자자가 굳이 전문가만큼의 공부가 필요한 것은 아니다. 다만 지침의 개념과 물리적 특성의 평가 지침에 대해 알고 투자에 적용하는 것만으로도 큰 최소한의 리스크는 회피할 수 있을 것이다.

개발, 농업, 보전적성의 평가는 아래의 표와 같이 점수를 산출하여 1~5 등급까지 분류하고 보통 1~3등급까지는 보전적성과 농업적성, 4~5등급은 개발적성으로 평가한다.

여기에서 주목해야 할 점은 평가지표 중 물리적 특성, 지역 특성, 공간 입지 특성의 경사도(도), 표고(m로 표기), 그리고 공간 입지 특성(기개발지, 공공편익 시설과의 거리를 km로 표기)의 표기 단위를 잘 보아야 한다는 것이다.

평가지표와 대체 지표 사용가능 여부

적성	평가요인	평가지표	대체지표 사용가능 여부
개발적성	물리적 특성	경사도	—
		표고	—
	지역 특성	도시용지 비율	O
		용도전용 비율	O
	공간적 입지 특성	기개발지와의 거리	O
		공공편익시설과의 거리	O
농업적성	물리적 특성	경사도	—
		표고	—

농업적성	지역 특성	경지정리 면적 비율	O
		전 · 답 · 과수원 면적 비율	O
	공간적 입지 특성	경지정리 지역과의 거리	O
		공적규제 지역과의 거리	O
보전적성	물리적 특성	경사도	—
		표고	—
	지역 특성	생태자연도 상위등급 비율	O
		공적규제 면적 비율	O
	공간적 입지특성	공적규제 지역과의 거리	O
		경지정리 지역과의 거리	O

경사도 점수값 산출 사례

경사도 (도)	5 미만	5~10 미만	10~15 미만	15~20 미만	20 이상
개발 · 농업적성 관련 평가의 점수		80~99	60~79	40~59	20~39
개발 · 농업적성 관련 평가의 점수	100				
보전적성 관련 평가의 점수	20~39	40~59	60~79	80~99	100

경사도 평가점수의 경우, 개발/농업적성 평가점수가 경사 5도 미만은 100점으로 15도 미만까지는 개발적성으로 비교적 높은 점수가 매겨짐을 알 수 있다.

표고 점수값 산출 사례

표고(m)	50 미만	50~100 미만	100~150 미만	150~200 미만	200 이상
개발 · 농업적성 관련 평가의 점수	100	80~99	60~79	40~59	20~39
보전적성 관련 평가의 점수	20~39	40~59	60~79	80~99	100

※ 표고는 해발 150m 미만이면 개발 적성

각종 거리 지표의 점수값 산출 사례

공공편익시설과의 거리(km)	1 이하	1~2 이하	2~3 이하	3~4 이하	4 초과
개발적성 관련 평가의 점수	100	25~99	11~24	6~10	1~5

※ 공공편익시설과의 거리가 2km 이하면 개발적성

기개발지와의 거리(km)	1 미만	1~1.5 미만	1.5~2 미만	2~3 미만	3이상
개발적성 관련 평가의 점수	100	80~99	60~79	40~59	20~39

※ 기개발지와의 거리는 2km 미만이라야 양호한 점수

경지정리지역과의 거리(km)	2 이상	1.5~2 미만	1~1.5미만	2~3 미만	0.5 미만
농업 및 보전적성 관련 평가의 점수	20~39	40~59	60~79	80~99	100

※ 경지정리 지역(절대농지)과의 거리가 가까울수록 농업 및 보전적성으로 평가

공적규제지역과의 거리(km)	1.5 이상	1~1.5 미만	0.5~1 미만	0.2~0.5 미만	0.2 미만
농업 및 보전적성 관련 평가의 점수	20~39	40~59	60~79	80~99	100

※ 공적규제 지역(개발행위가 제한되는 모든 규제지역)도 가까울수록 농업/보전적성 평가 점수.

적성등급의 부여 사례

적성등급	제 1 등급	제 2 등급	제 3 등급	제 4 등급	제 5 등급
기준표준화값	$Z_i < -1.5$	$.5 \leq Z_i < -0.5$	$-1.5 \leq Z_i < -0.5$	$0.5 \leq Z_i < 1.5$	$Z_i \geq 1.5$
필지 또는 격자 분포비율(%)1)	6.7	24.2	38.238.2	24.2	$Z_i \geq 1.5$
비 고	보전·농업 적성 강함	←計計計計計計計計計計計計計計→			개발적성 강함

평가 지표군

평가특성	평가지표군	
물리적 특성	경사도, 표고	
지역특성	경사도, 표고	— 도시용지 비율, 용도전용 비율, 도시용지 인접 비율, 지가 수준
	보전성 지표	— 농업진흥지역비율, 전 · 답 · 과수원면적비율, 경지정리면적비율, 생태자연도 상위등급 비율, — 공적규제지역면적 비율, 녹지자연도 상위등급 비율, 임상도 상위등급 비율, 보전산지 비율
공간적 입지 특성 [1]	개발성 지표	— 기개발지와의 거리, 공공편익시설과의 거리, 도로와의 거리,
	보전성 지표	— 경지정리 지역과의 거리, 공적규제 지역과의 거리, 하천 · 호소 · 농업용 저수지와의 거리, — 해안선과의 거리

이상에서 살펴본 것처럼 평가지침에 의한 등급산출 방식은 그리 어려운 게 아니다.

토지 시장의 일반적인 주 타깃인 관리지역에 대한 평가지표와 기준을 보자.

관리지역에 대한 평가지표 및 평가기준

구분	부문	평가지표	기준	점수	비고
보전 대상 지역 판정 기준	자연보전	생태자연도	1등급, 별도관리지역	—	해당 지역 안에 있는 평가대상 토지는 A 등급(보전 등급) 부여
		임상도(영급)	5등급 이상인 지역	—	
	수질보전 [2]	— 국가하천 · 지방 1 급하 천의 양안 중 당해 하천 의 경계로부터의 거리	300m 내외의 집수구역	—	
		— 수원보호구역 경계로부 터 거리	동일수계지역내 1 km 내외의 집수구역 [1]	—	
		— 유효저수량 30 만㎥ 이상 인 호소 · 농업용저수지 만수위선으로부터 거리	300m 내외의 집수구역	—	
개발 가능 지역 판절 기준	물리적 특성	경사도	15도 미만	100	
			15도 이상 20 도 미만	60	
			20도 이상	20	

	물리적 특성	표 고	기준표고로부터 표고차 50m 미만	100	
개발 가능 지역 판정 기준			50m 이상 150m 미만	60	
			150m 이상	20	
	지역 특성	경지정리지역 비율	10% 미만	100	
			10% 이상 25% 미만	60	
			25% 이상	20	
		도시용지 비율	4% 이상	100	
			2% 이상 4% 미만	60	
			2% 미만	20	
	공간적 입지특성	공적규제 지역과의 거리	1.5 km 이상	100	
			0.5 km 이상 1.5 km 미만	60	
			0.5 km 미만	20	
		공공편익시설과의 거리	1 km 미만	100	
			1 km 이상 4 km 미만	60	
			4 km 이상	20	

　지금까지 살펴본 것이 토지적성평가지침의 주요 골자이다. 물론 이 지침을 반드시 따라야 성공한다는 보장은 없다. 얼마든지 예외는 있을 수 있다.

　하지만 국가에서 국토를 체계적, 계획적으로 개발하고자 하는기 위한 평가지침인 만큼 이 지침에 입각해 투자를 모색한다면 최소한 높은 등급의 땅과 그렇지 못한 것을 구별해 내는 것은 어렵지 않으리라 본다.

　어느 지역이든 똑같은 경사와 표고를 가지고도 기존 도시지역과의 거리 때문에 연접한 토지가 계획관리지역이 되고 반대쪽은 생산관리지역으로 되어 있음을 지번도를 보면 쉽게 찾을 수 있다. 바로 이런 평가지침 때문이다.

　국가에서 등급을 매겨 우수한 점수를 주었다면 그에 합당한 용도와 개발의 허용치가 있을 것 아닌가.

　이런 정도만 기억하고 현장 답사에 임해도 기준 없이 무엇을 어찌 파악해야 하는지 몰라 난감해 하지는 않을 것이다.

PART 04

투자의 핵심은
바로 공법

Chapter 1.

토지공법은 금맥을 캐는 돋보기 : 공법을 개발계획으로 인식하라

　부동산투자에서 가장 중요한 것은 바로 미래를 내다볼 수 있는 안목이다. 이때 빼놓을 수 없는 중요한 정보가 바로 도시기본계획이다. 여기에서는 도시기본계획이란 뭔지, 어떤 내용을 담고 있는지 알아보도록 하겠다.

　도시를 관리하는 데 있어 큰 골자를 이루는 계획으로는 국토종합계획 > 광역도시계획 > 도시기본계획 등을 꼽을 수 있다. 우선 국토종합계획은 최상위 국토개발계획으로 20년 단위로 국가가 수립한다. 현재는 4차계획기간(2000년~2020년)으로 지역 간 통합을 위한 '10대 광역권 개발계획'을 주요 골자로 하고 있다.

　광역도시계획은 국토종합계획을 바탕으로 시·군에서 이를 구체화하는 계획을 말한다. 그 다음이 각 지역의 개발을 구체적으로 제시하는 도시기본계획으로 국토종합계획, 광역도시계획을 토대로 지방자치단체가 20년 단위로 수립하고 5년마다 타당성을 검토해 이를 수정한다. 도시 공간구조 및 장기 발전 방향을 제시하는 계획으로 주요 생활권 설정, 도로정비 등 교통정비계획, 공원 및 녹지계획, 토지이용계획, 주택수요 추정치, 주택공급계획, 도심 및 주거환경계획 등의 내용이 담겨 있다. 특히 토지이용계획 중 시가화 예정용지(용도지역의 전환을 통한 개발사업 등을 위한 예정지)는 개발 가능성이 높은 곳으로 유심히 봐두는 것이 좋다.

다만 유의할 점은 말 그대로 기본계획이기 때문에 수정될 수 있고, 구체적인 개발이 실행되지 않을 수도 있다는 점이다. 내용을 너무 맹신하기보다는 청사진으로삼아 지역 발전의 주요 방향을 잡는 데 활용하면 좋을 것으로 보인다.

해당 도시기본계획은 시·도별 도시계획 관련 부서나 각 시청, 도청 홈페이지 등을 통해 볼 수 있다.

토지의 미래가치 파악을 위한 공법 분석

성공적인 토지투자를 위해서는 지금 당장 눈에 보이지는 않지만 조만간 실현될 미래가치를 볼 줄 알아야 한다. 어떤 땅의 미래가치는 국토종합계획, 광역도시계획, 도시기본계획 등을 면밀하게 검토해보면 대략 파악할 수 있는데, 이 계획들에는 적어도 향후 20년에 걸쳐 전국 땅값의 지형을 바꿔 놓을 굵직한 개발계획들이 모두 담겨 있기 때문이다. 따라서 토지투자에 관심 있는 사람이라면 이 계획들을 잘 이해하고 투자에 나서야 한다.

정부는 국토를 체계적으로 개발하기 위해 여러 가지 계획을 수립, 시행한다. 이런 계획들로는 ▶국토종합계획 ▶광역도시계획 ▶도시기본계획 ▶지구단위계획 등이 있다.

이 계획들은 서로 상하 관계를 유지한다. 이런 관계는 '국토의 계획 및 이용에 관한 법률' 제1장 총칙을 보면 자세히 나와 있다.

국토개발의 마스터플랜 '국토종합계획'

우선 국토종합계획은 국가의 최상위 국토개발계획이다. 이 계획은 20년 단위로 중앙정부가 수립한다. 현재 4차 계획기간이 진행 중이다. 쉽게 말하자면 국토종합계획은 어느 지역을 어떤 식으로 개발할지 결정하는 마스터플랜에 해당한다고 볼 수 있다. 지금까지 고속도로, 산업단지, 항만, 공항, 신도시 등의 대규모 개발사업이 이 계획에 따라 추진돼 왔다. 국토종합계획을 면밀히 살펴보면 10여 년 후 우리 국토 모습을 어느 정도 가늠해볼 수 있어 투자자라면 반드시 짚어보아야 한다.

예컨대 1999년 7월 기본 안이 발표된 제4차 국토종합계획을 보자. 4차 국토종합계획은 지역 간 균형개발을 위한 '10대 광역권 개발계획'을 주요 내용으로 한다. 당시 4차 계획 중에 특히, 투자자들의 관심을 끌었던 것은 아산만 광역권 개발계획'이다. '아산만 광역권 개발계획'의 핵심 내용은 바로 '아산신도시 건설.' 정부는 광역권 개발의 첫 단계로 아산신도시 개발계획을 들고 나왔는데, 만약 발표 당시 누군가 분석을 통해 이곳의 미래가치를 먼저 깨닫고 개발 재료를 선점했다면 큰 투자이익을 챙길 수 있었을 것이다.

현재 시행 중인 4차 국토종합계획은 지방 분권과 국가균형발전을 통한 지방화의 실천에 그 주안점을 두고 있다. 이전(1차~3차)까지의 종합계획이 수도권 중심으로 짜였다면 4차 계획은 지방 개발 위주로 수립됐다. 이는 지방의 토지개발 가능성을 높여주면서 수도권 이외 지역 특히, 서남부해안권 땅값 상승에 큰 영향을 미치고 있다.

'광역도시계획' 따라 땅의 팔자가 달라진다

중앙정부가 '국토종합계획'을 내놓으면 각 광역시·도는 이를 구체화하는 '광역도시계획'을 수립한다. 이 계획은 국토종합계획 바로 아래 단계의 계획으로 광역계획권의 장기 발전 방향을 제시한다. 이 계획은 국토건설부 장관이 광역시설을 체계적으로 정비하기 위해 인접한 둘 이상의 특별시·광역시·시·군 관할구역을 한데 묶는 것이다.

광역도시계획에는 해당 지역의 특성을 감안한 광역개발계획이 담겨져 있다. 즉 어디를 개발하고, 어디를 보전할 것인지에 대한 큰 밑그림이 이 계획에 담긴다. 예를 들자면 '2020년 전국 광역도시계획'은 각 지자체별로 그린벨트 조정허용 총량(그린벨트 해제예정 면적)을 담았다.

각 지방자치단체가 자체적으로 수립하는 '도시기본계획'도 이 광역도시계획을 바탕으로 작성된다. 각 지역개발의 구체적인 목표와 개발형태, 방식 등이 광역도시계획의 청사진을 바탕으로 결정되는 것이다. 때문에 투자를 위해 땅을 매입하기 전에 최소한 해당 지역이 광역도시계획에서 어떤 용도로 잡혀 있는지 세밀하게 확인해봐야 한다. 이를 통해 해당 지역이 어떻게 개발될 것인지, 언제부터 개발의 파급효과가 미치게 될 것인지에 대한 면밀한 검토를 한 뒤 투자에 나서야 실패를 줄일 수 있다. 만약 광역도시계획상 도로가 뚫릴 예정이라면 미리 도로확장계획과 사업추진일정 등을 알아보고 그에 따라 땅을 매입할 시점을 결정하면 된다.

지역개발의 청사진 '도시기본계획'

도시기본계획은 국토종합계획, 광역도시계획 등을 토대로 지방자치단체가 20년 단위로 수립하는 지역개발계획이다. 수립 대상은 인구 10만 명 이상의 시·군 등이다. 각 시·군은 인구 등 지역 여건 변화를 감안해 5년마다 이를 변경할 수 있다. 도시기본계획은 시·군 등 지방자치단체장이 계획안을 수립, 주민의견 수렴절차를 거쳐 국토교통부의 최종 승인을 받는 순서로 결정된다. 이 계획이 확정되면 각 시·군은 5년 단위로 도시관리계획을 수립, 이를 바탕으로 주거·상업·공업·녹지지역 등 용도지역을 배분하고 개발과 보존의 구체적인 토지이용 방안을 결정하게 된다.

이처럼 해당 시·군의 중장기개발계획이 모두 담겨 있는 만큼 도시기본계획은 '지역개발의 청사진'이라고도 불린다. 현재 수도권 31개 시·군 중 25개 지자체가 이 같은 도시기본계획을 수립해 계획적인 개발을 추진하고 있다.

도시기본계획에는 보전할 땅과 장차 개발할 땅이 상세하게 표시돼 있다. 때문에 토지투자를 위해 도시기본계획을 살필 때는 '개발 가능지가 어딘가?'에 주안점을 두어야 한다. 도시기본계획상 개발 가능지는 '시가화 예정용지'로 표시된다.

어떤 지역이 도시기본계획상 시가화 예정용지로 지정되면 당장 땅값이 오른다. 때문에 시가화 예정용지로 지정됐거나 지정될 가능성이 큰 땅은 투자자들의 집중공략 대상이 된다. 예컨대 최근 도시기본계획이 확정된 경기도 지역에서는 시가화 예정용지로 신규 지정된 지역 인근의 땅값이 크게 들썩이고 있다. 지금은 이름 없는 논밭이지만 도시기본계획상 시가화 예정용지로 분류되면 언젠가는 주거·산업단지 등으로 개발돼 유입 인구가 늘면 그만큼 개발압력이 높아져 땅의 몸값이 오르는 것이다.

도시기본계획은 5년마다 타당성 검토를 하며, 특·광·시·군이 의무적 수립하는 도시관리계획의 지침이 되는 계획이다. 기본계획의 수립 및 승인 절차는 군수만 포함하면 광역도시계획과 같다. (주의 : 국토교통부장관이나 도지사는 절대 도시기본계획 수립하는 일이 없다.)

도시기본계획은 20년간의 향후 발전 계획으로 대부분이 그대로 집행되나 반드시 집행되는 것은 아니다. 따라서 예상 계획이므로 민원을 예상하여 1/50000지도에 그리되 개괄적 성격이므로 뒷면을 없애고 그린다. 다만 도시관리계획 수립시에는 1/5000 지형도에 그리게 되며 이것을 주민에게 열람한 후 1/1200 지적도에 옮기게 되면 이를 '지적고시'라고 한다.

토지투자의 성패를 가르는 요소로 전문가들은 개발계획에 대한 '정보 선점'을 꼽는다. 개발정보를 대부분 정부나 지방자치단체 등이 독점한 상황에서, 남이 모르는 정보를 가진 사람은 큰돈을 벌 수가 있다는 이유에서다. 특히 요즘처럼 규제가 심한 상황에서 땅의 가치는 정부나 지방자치단체의 개발계획에 따라 더 크게 좌우될 수밖에 없다. 당장은 쓸모없는 땅이라도 나중에 개발예정지에 포함되면 몸값은 급등하게 마련이기 때문이다.

그렇다면 이런 개발정보는 어떻게 얻을 수 있을까?

전문가들은 개발정보 선점을 위해 특히 지방자치단체가 자체적으로 수립하는 '도시기본계획'을 꼼꼼히 살펴볼 것을 권한다. 도시기본계획이란 시·군 등 지방자치단체의 중장기개발계획을 담은 틀이다. 해당 시·군의 중장기 개발계획이 모두 담긴 만큼 '도시개발 청사진'으로 불린다. 때문에 이를 꼼꼼히 뜯어보면 장래에 어디가 개발될지를 한눈에 파악할 수 있다. 도시기본계획에는 신규개발 지역, 도로 등 교통신설 및 확장계획, 용도변경계획 등이 주로 담겨 있다.

하지만 도시기본계획의 내용을 미리 알아내는 것은 쉽지가 않다. 수립 중인 도시기본계획에 대해서는 지방자치단체가 대개 비공개를 원칙으로 하고 있기 때문이다. 개발계획이 미리 알려지면 해당 지역에 투기가 발생한다는 이유에서다. 그렇다고 일반인들이 이 도시기본계획의 내용을 미리 파악해볼 수 있는 길이 아예 없는 것은 아니다. 도시기본계획의 수립절차를 알면 대략적인 내용을 파악해볼 수 있다.

대부분의 지방자치단체는 도시기본계획을 확정하기 전에 주민들의 의견을 수렴하기 위한 공청회 절차를 거친다. 바로 이때가 신규 개발예정지가 어디인지 파악해볼 수 있는 좋은 기회다. 때문에 관심이 있는 지역이라면 우선 도시기본계획 수립 일정을 먼저 파악해 두는 게 좋다. 도시기본계획 수립을 위한 공청회 날짜는 보통 개최 15일 전에 공고된다. 예전에는 공고일이 관보 등을 통해서만 공고됐으나 요즘에는 해당 지방자치단체의 인터넷 사이트를 통해 함께 공고한다. 해당 지역에 관심 있는 투자자라면 공청회를 최대한 활용해 개발계획을 꼼꼼히 확인해봐야 한다.

지자체는 대개 공청회에서 개략적인 내용이 담긴 자료집을 참석자에게 배포하는데, 투자자들은 이 자료를 통해 ▶시가화 예정용지 지정계획 ▶도로교통계획 등을 확인해볼 수 있다. 시가화 예정용지란 그린벨트 등을 주거지역, 공업지역, 상업지역 등으로 개발하기기 전에 도시기본계획상 개발예정지로 지정하는 것이다. 때문에 시가화 예정용지로 지정되면 해당 지역과 주변 땅값이 보통 3~4배 이상 뛰게 마련이다.

예컨대 수도권 2기 신도시로 개발 중인 판교신도시 사례를 보면, 개발계획이 맨 처음 알려진 시기가 1998년 5월이었다. 이때 성남시는 '2001년 도시기본계획'에 판교동 일대 860만 ㎡를 택지개발을 위한 '시가화 예정용지'로 지정했는데, 이때부터 예정지 토지 시장이 요동치기 시작했다.

하지만 정작 해당 지역과 주변 땅값이 크게 뛰기 시작한 것은 1997년 4월 주민공청회를 통해 대략적인 개발계획이 알려지면서부터다. 발 빠른 투자자들은 이때 이미 정보를 선점하고 투자에 나서 큰 이익을 보았던 것이다.

이에 따라 지자체는 투기를 막기 위해 시가화 예정용지는 보통 황토색 점으로만 표시한다. 구체적인 위치를 확인할 수 있는 예정지의 땅 지번도 밝히지 않는다. 따라서 공청회에서는 대략적인 위치와 면적을 확인한 다음 현장답사와 중개소를 통해 정확한 위치를 찾아낼 수밖에 없다. 대개 현지 부동산 중개소에서는 도시기본계획에 반영된 시가화 예정용지의 위치를 비교적 정확하게 파악하고 있는 경우가 많다. 해당 지자체가 계획수립을 위한 사전절차로 측량 등을 실시하는데, 이때 대부분 위치가 비교적 정확하게 노출되게 마련이기 때문이다.

시가화 예정용지와 함께 도로교통계획도 살펴봐야 한다. 도시기본계획에는 해당 지자체가 자체적으로 추진하는 도시계획도로(공도−시·군 도로)는 물론 광역교통계획도 담겨 있다. 이를 참고하면 향후 어디에 어떤 도로가 뚫릴지 미리 파악해볼 수 있다. 도로 등 교통시설의 신설과 확장은 땅값 상승의 직접적인 재료가 된다. 지금은 이름 없는 논밭이라도 향후 도로가 뚫리면 가치가 달라진다는 말이다.

하지만 공청회 등을 통해 공개된 개발계획은 향후 국토부 등의 최종 심의과정에서 변경될 수 있기 때문에 참고만 하는 것이 좋다. 대개 도시기본계획은 입안 → 주민공청회 → 시 도시계획위원회 → 시의회 → 도 도시계획위원회 → 중앙 도시계획위원회→ 국토교통부 최종승인 등의 복잡한 절차를 거쳐서 결정된다. 이 과정에서 실제 입안됐던 계획이라도 취소되거나 축소될 가능성이 있다.

대부분 지자체는 지역개발을 위해 개발 예정지를 최대한 확대 반영해 도시기본계획안을 수립한다. 하지만 국토교통부는 수도권 과밀억제를 위해 가급적 개발을 억제하는 방향으로 심의를 진행할 수밖에 없다. 2007년 7월 11일 최종 확정된 용인시 2020년 도시기본계획은 130만 명으로 입안했던 계획인구가 '건교부 심의과정'에서 120만 명으로 축소되었다. 때문에 공청회에서 공개된 도시기본계획의 내용을 바탕으로 현안사업의 우선순위 확인을 거친 다음 투자에 나서야 리스크를 줄일 수 있다.

도시기본계획과 현장답사, 부동산중개소를 통해 대략적인 개발예정용지의 위치를 확인했다면 예정지 내부보다는 주변 지역의 땅을 노리는 게 좋다. 국가정책사업 개발예정지는 계획이 확정되면 감정평가액에 따라 시가 이하의 가격에 수용될 위험요소를 안고 있기 때문이다. 또, 개발예정지 주변이라고 해서 무턱대고 매입하는 것도 금물이다. 대규모 개발예정지의 경우, 주변 땅이 개발행위 제한지역이나 완충녹지, 공원용지 등으로 묶일 가능성이 있기 때문이다. 이 경우 대개 개발예정지 경계선으로부터 1~2㎞ 안팎의 도로변 임야나 논밭을 노리는 게 좋다. 후광효과로 개발수요가 많아져 땅값이 오를 가능성이 비교적 큰 곳이기 때문이다. 이때 개발예정지 뒤편보다는 입구 쪽의 땅에 투자하는 게 좋은데, 그 이유는 입구 쪽이 주 동선이라서 향후 개발수요가 두터운 편이기 때문이다.

Chapter 2.

투자의 숲과 나무는 지구단위계획과 도시기본계획

지방자치단체가 도시기본계획으로 수립한 개발계획은 실제 집행계획인 도시관리계획이 수립돼야 법적 구속력을 갖는다. 도시관리계획이란 도시기본계획에서 한걸음 더 나아가 각 토지별로 구체적인 용도를 정하는 것으로, 각 지방자치단체의 개발계획을 확정한다.

도시기본계획이 도시개발의 기본적인 뼈대와 발전 방향을 제시하는 것이라면 도시관리계획은 도시기본계획이 제시한 개발계획에 대한 구체적인 도시개발과 정비, 보전계획을 결정한다. 이때 해당 토지의 개발계획을 구체화하는 것이 바로 지구단위계획이다. 지구단위계획은 도시기본계획상 개발예정지역으로 지정된 곳을 체계적이고 계획적으로 관리하기 위해 수립하는 도시관리계획인 것이다.

제1종 지구단위계획이 도시지역에서 수립하는 도시관리계획인 데 비해, 제2종은 비도시지역인 계획관리지역의 건축물 용도, 종류, 규모 등에 대한 제한을 완화하거나 건폐율 또는 용적률의 완화를 수립하도록 규정하고 있다.

지구단위계획의 수립 대상은 공동주택 개발사업 30만 ㎡ 이상, 기타 개발사업 3만 ㎡ 이상이다. 지구단위계획은 '민간 제안'과 '공공' 방식으로 나뉜다. 민간 건설업체가 주택건설을 위한 지구단위계획 수립부터 착공까지

걸리는 기간은 3~5년이다. 반면 '공공' 방식은 소요기간이 대폭 단축될 수 있다. 지구단위계획이 확정되면 해당 구역에서는 이 계획에 맞춰 땅의 용도가 바뀐다. 예를 들어 공업지역에 지구단위계획을 수립하면 아파트 등의 건축이 가능한 주거지역으로 용도를 바꿀 수 있다. 건폐율과 용적률도 대폭 완화된다.

지구단위계획에 따라 어떤 지역이 고밀도개발이 가능한 곳으로 바뀌면 인근의 땅값이 크게 뛴다. 또한 이 계획에 따라 해묵은 규제에서 풀리는 지역도 높은 투자수익을 기대해볼 수 있다. 최근 지방자치제의 재정 악화로 인한 재원 확보를 위해 지구단위계획을 통해 용도지역을 바꾸는 경우가 많아지고 있다. 특히 최근 일부 지방자치단체에서는 공영개발기법을 도입해 준공업지역을 일반주거지역으로 바꾸기도 한다. 준공업지역이 일반주거지역으로 바뀌면 땅값은 최소 2~3배 이상 뛰어오르는 것이 보통이다. 주변 지역의 지가 상승세는 더 가파르다.

이런 지구단위계획은 해당 지방자치단체의 공람 공고를 유심히 살펴보면 알 수 있다. 국토종합계획이 '숲'이라면 도시기본계획은 '나무'에 해당한다고 할 수 있다.

PART 05

토지의 관리와
리모델링

투자보다 더 중요한 관리

토지를 관리해야 하는 명백한 이유

구입 − 관리− 개발 − 처분

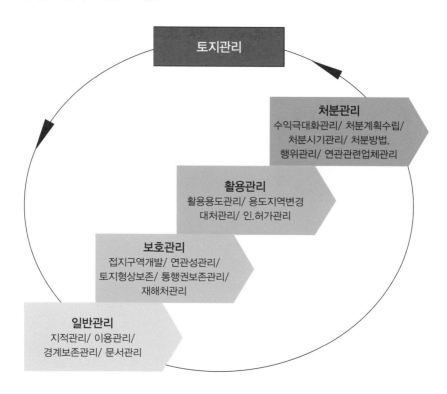

① 토지이용 의무의 목적 완성. (외부 간섭 회피)

② 온전한 권원權原의 확보. (타인의 점유를 방어하는 재산권 확립)

③ 토지의 가치 증대.

④ 적정 매매시기 포착으로 수익 극대화.

토지관리의 효과적인 방법

① 농지는 법적으로 개인 사이의 임대차가 허용되지 않으므로 농지은행을 통한 '농지임대수탁 계약체결'로 자경의무를 해결해야 한다. (1,000㎡ 미만의 농지는 주말 체험영농의 목적이므로 불필요.)

② 농지은행과 임대차 계약한 경작자(현지 농민)와는 원만한 유대관계를 유지하도록 해야 한다. (경작 이외에 현지 동향 등을 파악)

③ 농지(전, 답, 과수원과 다른 지목이라도 3년 이상 농지로 경작한 사실이 인정되는 현실 지목이 농지 토지)는 농지전용과는 달리 농지보전부담금 부과 없이 농지개량사업으로 농업적 생산성을 향상시키고 형상을 변경하여 보다 효과적으로 관리 및 가치를 증대시킬 수 있다.

농지개량이란 오래된 토질을 좋은 토질로 개선시키는 토양개량과 다른 흙으로 덮는 객토, 낮은 지대를 높이는 성토, 낮추는 절토 등 다양한 방법으로 농지의 질을 향상시킬 수 있다. 통상 농지의 가치는 과수원 > 전 > 답의 순으로 가치를 평가할 수 있다.

④ 임야는 매매계약에서 필지 매매가 아닌 수량 매매로 하여 정확한 면

적에 의한 대금을 지불하고 잔금 전에 경계 측량으로 주위 토지와의 경계를 분명히 한다. (상린권)

대부분 농지보다 면적이 넓은 임야는 활용도에 따라 그 가치가 천차만별이다. 나무가 자생하는 임야는 보유에만 목적을 두지 말고 해당 지역의 기후와 풍토 등을 연구하여 토임(지목상으로는 여전히 임야임)으로의 등록전환과 수목 갱신으로 돈이 되는 나무를 재배하고 지자체의 개발계획과 착공시기, 지가변화 등을 수시로 파악하고 주변 환경 변화를 예의주시해야 한다. 농지처럼 경작의무가 없다고 해서 방치해 두지 말고 활용 가치를 연구해서 지속적으로 가꾸어 나간다면 28가지 지목의 종류 중 가장 낮은 평가를 받는 임야의 잠재가치를 효과적으로 증대시킬 수 있을 것이다.

이외에도 용도와 지목을 불문하고 토지 소재지의 건축허가 현황(건축 사업의 종류 등 통계연보의 주택·토지허가 현황)도 1년 단위로 확인해 두고 토지를 찾는 개발업자의 성향을 분석해서 수요를 예측하는 것도 염두에 두는 게 좋다. 상속·증여로 얻은 무상 토지가 아니라면 자신의 목적에 맞는 최적의 입지와 용도의 토지를 찾는 일이 중요하겠지만 이미 소유하고 있는 토지라면 지금부터라도 관리의 중요성을 깨닫고 다시 한 번 검토할 필요가 있다.

효과적인 농지, 산지 관리방법

2011년 4월경 서울에 사는 K 씨는 양평군 개군면에 사놓은 자신의 임야에 "누군가 묘지를 설치하고 있으니 빨리 와보라."는 현지 주민의 연락을 받고 화들짝 놀라 한걸음에 달려갔다. 아니나 다를까, 얼굴도 모르는 사람이 자신의 임야 한 쪽에 포크레인으로 구덩이를 파서 시신을 안치하고 있었다.

K 씨가 항의하자 상대방은 자기 땅인 줄 알았다며 원상복구하고 다른 곳으로 묘를 설치했다.

다행히 K 씨는 한 해 전에 임야를 매입하면서 인근에 사는 원주민과 막걸리를 마시며 "농사와 전원주택을 지을 경우 민원발생의 소지가 있는가?" 등의 대화와 함께 틈틈이 현지에 내려가 임야를 둘러보고 관리하며 지역주민과의 소통에 주의를 기울였기에 이와 같은 일을 미연에 방지할 수 있었다. 실제로 시골에서는 자신의 땅이라고 방치했다가 이와 유사한 골치 아픈 일들이 다반사로 일어난다.

일반적으로 토지는 건물처럼 임대차를 통해 월세를 확보하자는 목적이 아니기 때문에 건물처럼 하자보수 등의 관리가 필요치 않다고 생각하는 사람이 많다. 아니 관리가 필요하지 않다고 생각한다기보다 아예 토지의 '최초 매입 목적대로의 사용이 의무적이라는 사실에 대해 모르고 있다.'는 표현이 옳다.

이를테면 농지는 매입 후 직접 경작을 하는 것이 원칙이고, 건축허가를 받은 토지(지목 불문)는 2년 이내에 건축해야 한다. 임야의 경우엔 위의 경우와 같이 자신이 모르는 사이 일부를 다른 사람이 묘를 설치하여 분묘기지권이 성립된다든지, 주변 임야가 일정 면적 이상을 먼저 개발하여 연접개발제한에 걸리는 경우도 있으며, 매입한 토지의 행정구역이 토지거래허가구역으로 지정되어 매매의 제약을 받는 등 여러 종류의 변수가 작용할 수 있다. 따라서 토지를 매입했다면 해당 지자체의 개발계획과 지역 동향을 면밀히 파악하면서 지속적으로 관심을 갖고 관리를 해야 불이익을 받지 않는다.

농지 매매계약을 하고 잔금을 치르면서 소유권이전등기를 신청할 때는 누구나 농지취득자격증명(이하 농취증)을 제출해야 하고, '농취증'에는 농업경영계획서가 첨부되어야 한다. 이 농업경영계획서에는 대상 농지의 현황과 경영능력, 노동력 확보 방안, 재배 작목 등을 기록해야 하며, 그리하여 등

기한 토지를 목적대로의 자경이 이루어지지 않으면 강제처분명령을 받게 된다. 또한 이후에도 처분하거나 농사를 짓지 않으면 공시지가의 20%에 해당하는 과태료(이행강제금)가 연 단위로 처분할 때까지 계속 부과된다.

또한, 보기 흉하게 방치된 토지는 사람의 손때가 묻은 관리된 토지에 비해 매도할 때 제값을 받지 못하는 건 당연한 이치이다.

관리를 해야 하는 이유는 또 있다.

방치해 둔 휴경지는 주변 농사꾼들의 경작지로도 사용될 수 있는데, 예를 들어 내 땅(농지)에 모르는 사람이 나무나 인삼 같은 다년생 작물(식물)을 심었을 경우 지상권으로 인정이 된다는 점이다. 일단 심어 놓으면 소유주라 하더라도 함부로 캐낼 수 없다.(민법 제256조 부동산에의 부합) 설사 소송을 통해 작물(수목 등)의 소유권을 확보할 수 있다고 하더라도 그 얼마나 피곤한 일인가. 관리를 통해 불상사를 미연에 방지하는 것만이 가장 좋은 방법이다.

Chapter 2.
토지 리모델링으로 투자수익을 극대화 하라

처분을 위한 단지의 평면계획 수립

토지 리모델링	
물리적 리모델링	**법률적 리모델링**
– 맹지에 진입도로 내기 – 하천/ 도로점용 허가, 도로 연결허가 – 하천/ 구거 다목적 일시 사용허가 – 농지, 임야의 일시 사용허가 – 개간 매립 – 폐교, 무인도 입찰 및 활용	– 토지분할, 합병, 형질변경 – 벌채 수종갱신 – 토석채취, 골재채취, 채석 또는 야적장 허가 – 사도개설, 지목변경, 용도변경, 용도지역변경 – 농업진흥지역 보전산지 그린벨트 해제 – 농지전용, 산지전용, 초지전용

리모델링 시 유의사항
① 관련 법규를 잘 알아야 한다. ② 리모델링 비용과 효과 사전 비교 분석 ③ 가급적 자연상태를 잘 이용(원형 상태를 이용하는 것)

A씨의 리모델링 사례

토지상속 (농지 812평 = 2684.30㎡)

토지상태분석

단점 : 도로보다 낮음. 농지여서 굴곡 많음. 진입도로 없음.

장점 : 도로변 10M. 임산배수형 토지. 도로 건너편으로 대형 음식점 서너 곳이 영업하고 있어 개발 여지 있음.

개발 이익과 비용에 대한 수지분석

비용 = 토지 수평화 및 평단화 1,270만 원. 도로 내기 590만 원. 나무 구입비 500만 원. 기타 비용 950만 원. 합계 3,310만 원.

비용 마련(적금 해약 1,500만 원, 대출 2,000만 원)

실행(식입기간 총 7개월, 금융비용 약 200만 원 발생)

현재 토지가치(가치상승분 평당 52만 원 × 812평 = 4억 2,224만 원)

토지개발

구분	내용	요건
지목변경	공부상 지목을 다른 지목으로 바꾸는 행위 ⇒ 전,답 →대垈	건축허가, 개발행위 등으로 땅이나 건축물의 용도변경
형질변경	절토, 성토, 정지작업 등 땅의 모양을 바꾸는 행위 ⇒ 농지전용, 산지전용	개발행위허가
용도변경	토지의 용도지역을 바꾸는 행위 ⇒ 농림지역 → 관리지역, 생산녹지	도시관리계획의 변경

단계	주요내용	비용
사업구상 타당성 검토	– 개발 콘셉트/ 사업아이템 – 적지검토 – 시설/ 투자규모, 자금조달 – 투자시기 및 사업개시 시기 – 사업 주체	자료조사비
입지선정	– 대상 입지후보 선정 – 현장 답사, 인허가 가능성 검토	– 컨설팅비 – 현장답사비
토지구입	– 위치 및 진입로, 지목, 용도지역 – 지역전망, 토지거래허가 취득	– 토지구입비 – 취등록세
사업계획	– 사업개요, 주체 확정 – 시설, 투자, 자금계획 및 로드 맵	– 측량설계비 – 사업계획 작성비
인허가신청	– 소규모 환경평가 – 문화재 지표조사 – 군사보호구역 협의 – 신청서류 작성 및 제출	– 업무추진비 – 수수료 – 국민채권
부담금 납부	농지, 임야, 그린벨트	– 농지보전부담금 – 대체산림자원조성비 – 복구비 예치
허가 신고	– 허가증 수령(신고서 수리)	수수료
실시설계	– 실시 설계 – 시공업체 선정	실시설계비
시공	– 터파기 공사 – 공조 공사 – 내장 공사 – 마감 공사	– 가설공사비 – 토목공사비 – 건축공사비 – 설비공사비 – 내장공사비
준공 및 등기	– 사용승인 – 준공검사 – 소유권보존등기 – 토지분할, 지목변경	– 등기비용 – 법무사 비용
개발부담금	– 개발부담금 납부	개발부담금
사업개시	– 사업자등록 – 사업개시 신고등록	

토지의 용도는 매우 다양하다. 하지만 토지이용계획상의 용도나 지적도의 토지 모양만을 가지고 판단을 내리기에는 미흡하다. '구슬도 꿰어야 보배'라는 말이 있듯 토지도 잘 다듬으면 가치를 충분히 높일 수 있다. 예를 들면 도로에 접한 땅은 접하지 못한 토지보다 비싸기 마련인데, 도로에 접한 토지와 함께 그렇지 못한 토지(맹지)를 각각 따로 매입해 합필한 후 적정 면적으로 분필한다면 그 가치를 훨씬 높일 수 있다. (그림 1)

또 구릉지나 언덕에 길게 걸쳐져 있는 토지의 경우 활용의 한계 때문에 가격이 시세보다 쌀 수도 있다. 이와 같은 경우 토지 모양에 따라 도로를 개설하고 토지를 분할할 경우 매우 유용한 토지로 면모를 일신할 수 있다.(그림 2)

전원주택지 등은 작은 필지의 매매가가 큰 땅을 매입하는 것보다 상대적 비쌀 경우가 있다. 이럴 때는 다소 부담이 되더라도 넓게 매입한 후 적정하게 분할해서 재매매하는 것도 유리한 투자법이다.

산이나 임야를 매입할 경우는 토지의 형세도 중요하지만 조림 사항도 살펴볼 필요가 있다. 조경수로 가치가 있는 나무가 포함돼 있거나 자연 생산물인 약초, 송이, 유실수 등이 생산되는 경우는 뜻밖의 수익을 얻을 수도 있다. 다만 나무의 경우 벌목허가가 가능한지 미리 해당 관청에 확인해야 한다.

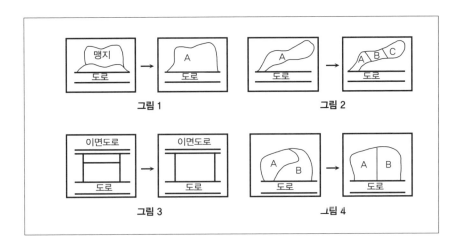

도시 내의 사례를 살펴보면 매입하고자 하는 토지가 남측이나 편도 등 한 쪽만 도로를 접하고 있을 경우 건축시 주차장 출입로 확보를 위해 상당한 공간을 할애해야 하고 그로 인해 건축의 한계와 주차장 면적을 추가로 확보해야 한다. 이 경우 북측 도로나 이면도로를 접하고 있는 토지의 추가 매입을 고려한 투자가 계획돼야 한다. 이 경우 이면도로 쪽 토지 매입에 드는 전체 비용은 다소 증가하지만 비용에 따른 효율성이 더 좋아져 더 높은 투자이익을 기대할 수 있다. (그림 3)

토지의 모양이 반듯하지 못하고 인접 토지와 생김새가 교차하고 있는 경우도 토지소유주의 협의로 반듯한 모양으로 변경할 수 있다. 변경할 경우 건축행위가 쉽고, 토지 효용도가 높아져 땅값이 상승하게 된다. (그림 4)

토지개발로 가치를 높이기 위해서는 발품을 많이 팔아야 한다. 토지를 보는 안목이 곧 돈이다. 따라서 말없는 땅일지라도 성형을 하고 화장을 한다면 더욱 더 높은 몸값을 받을 수 있다.

자, 그러면 이제 구체적으로 사례를 분석해보도록 하자.

■ 사례

양평 ○○면 ○○리에 있는 토지 처분 의뢰를 받았는데, 가격이 만만치 않았다. 토지는 좋고 대도 가격이 시세에 준해 그런 대로 괜찮은 편이었지만 문제는 총 3500평 정도로 총 금액이 매도 금액이 15억 원대로 크다는 것이다.

먼저 해당 토지를 대략적으로 분석해보았다.

– 용도가 보전관리지역 및 수질보전특별대책 1권역이다.

– 현지에 6개월 이상 거주자에 한하여 주택건축허가가 가능하다.

– 주택 외 건축허가에 제한사항이 너무 많다.

– 현장은 예전에 공장이 있었던 부지로 낡은 시설물이 방치되어 있어 주거환경으로서의 이미지에 혐오감이 든다.

필자는 처분 의뢰인에게 "평당 단가는 나쁘지 않은 편이나 용도가 주택지로서 계곡을 끼고 있는 최고급형 별장지가 아니라면 15억 원을 투자해 주택지를 구입하고자 하는 매수인은 거의 없다고 보아야 할 것."이라는 의견을 제시했다.

며칠 뒤 다음과 같은 방법을 제시했다.

① 부지의 활용 용도가 주택지로 제한되기 때문에 주거부지로 활용 용도를 설정하고

② 구매자들의 매수자금 여력을 파악한 후

③ 구매자들이 가장 두터운 층의 구입 예산에 맞도록 가분할하고

④ 기반시설 공사를 한 후

⑤ 분할판매를 한다면 처분의뢰 금액보다 1~2억 원 정도는 더 받을 수도 있고, 처분도 매우 빠르게 진행될 것이라고 제안했다.

의뢰인이 원하는 금액인 15억 원은 이미 1, 2년 전부터 고수하고 있던 가격으로 현재 상태를 고수한다면 처분하는 데 2~3년이 더 걸릴 수도 있다고 보았다. 이유는 주거부지로 알맞은 200~300평대 수요층의 예산은 1~2억 원 선이며 총 15억 원이 넘는 면적의 부동산이라면 당연히 가격이 다운될 수밖에 없기 때문이다.

2, 3년이 걸려서도 처분되지 않았던 이 부동산은 곧 착공 예정이다.

항상 큰 규모의 토지를 처분하는 작업은 분할이 수반된다. 토지분할은 ① 토지의 활용을 위한 기초 작업으로 활용이 가능한 부지를 생산하는 유용성을 지니며, ② 토지의 가치를 높여준다. 가격을 상승시키는 가장 기본적인

수단이 되는 것이다.

토지분할을 위한 부지의 평면계획

① 토지를 구입할 수 있는 가장 많은 잠재수요층을 조사한 후 그 수요층이 요구하는 면적을 설정한다.

② 전체 토지의 지형을 파악하여 자연스럽고 부드럽게 전체 부지를 하나로 연결할 수 있는 도로계획을 세운 후 도로를 따라 각 개별필지를 구입 수요층에 알맞도록 배치하여야 한다.

③ 이때 중요한 것은 도로를 따라 배치되는 개별필지의 주향을 고려하여 부지의 길이와 폭을 잘 설정하여야 한다는 것이다. 일반적으로 부지 전체 형상을 보고 모양만 좋게 만들어 분할계획을 세우면 추후 조망권과 단지 전체 구성이 엉망이 되는 경우가 많다. 따라서 주향이 가능한 높은 곳에서 낮은 곳을 바라보도록 각 필지를 길게 배치하여야 하며, 큰 평수를 뒤로 하고 하단에는 작은 규모 평수를 배치하여 전체적으로 판매가격을 저하시키는 요소를 최소화하여야 한다.

④ 분할계획은 실현 가능한 계획이어야 한다. (분할이 안 되는 것도 있으므로 세부 내용은 추후 설명하기로 한다.)

토지소유주들이 분할처분을 두려워하는 이유는 전체 필지 중에서 자투리 토지가 남을까봐서다. 확실히 말할 수 있는 것은 계획을 세울 때 현장 지형을 고려한 평면 분할계획에서 이러한 문제는 99% 해결이 될 수 있다는 것이다.

대충 바둑판식으로 분할계획을 세워 토지를 처분한다면 쓰지 못하거나 가격이 많이 떨어져 처분이 힘들어지는 부지가 생기게 될 수 있다. 처분을 위한 평면 분할계획은 전문가에게 맡기는 것이 현명하다.

분할처분 사례로 개발 전의 현장과 개발 후 현장의 전경과 그 작업을 소개해보기로 한다.

공사계획은 특히 중요한 사항이다. 최소의 공사비로 최대의 효과를 얻을 수 있는 계획이 필요하며, 동시에 수요층이 원하는 현장을 만들어야 한다는 것이 핵심이다.

사례로 보는 토지 리모델링 테크닉

■ 사례 1 : ○○읍 ○○리 토지매입 및 개발 건

리모델링 대상 검토 사전조사 내용
① 위치 및 토지의 현황과 접면 도로 조사
② 인근 시설물 조사 : 혐오시설물의 유무 및 주택지로 개발할 경우, 편의시설 및 인근 도심지로의 이동경로 파악 등.
③ 부동산중개업소 방문으로 시세 및 분양 가능성 조사
④ 개발 방법에 따른 인·허가 사항 검토 : 설계사무실 방문
⑤ 토지가 위치한 지역의 개발 가능성 등 조사

조사결과
① 시내와 접한 외곽으로 입지는 매우 좋았다. 마수보는 노로 건니편에

우석대학교를 유치하여 2012년에 개교된다고 한다. : 주택지 및 공동주택 입지로는 어느 정도 좋은 위치라고 할 수 있다.

② 지역 부동산 방문을 통해 조사한 바로는 다음과 같다.
- 진천에 그동안 전원주택단지가 개발되었는데 50%의 분양률을 보이고 있으며 가격은 55~60만 원 선이라고 한다.
- 2곳 정도의 전원단지를 개발하고자 인·허가를 추진 중에 있다.
- 구입 고객들은 진천 거주자와 외부인들 50:50
- 개발 가능 부지의 구입 가격은 진천읍에서 10~15분 정도 거리가 약 15만 원 선이며 시내와 근접한 외곽은 20~30만 원 선.
- 개발을 마친 뒤 분양가격은 시내와 접한 외곽지대는 주택지가 50~60만 원 선. 10~15분 정도 떨어진 곳이 30만 원~35만 원 선이며 분양이 그리 잘 되는 편은 아니다.

③ 설계사무실을 들러 확인해보았다.
- 인·허가에는 어려움이 없으나 자연녹지(도시지역)라 $10,000㎡$가 넘으면 1종 지구단위계획을 수립하여 개발하여야 한다. 3000평 미만으로 1차개발 후 준공을 받고 2차로 인·허가를 받아 분양해야 한다는 것. 이럴 경우 개발기간이 1년 이상, 수 년이 걸릴 수도 있어 무리가 많을 것으로 판단된다. (이에 대한 대안 방안을 모색한다.)
- 조사를 하면서 확실히 알게 된 것은 5,000평의 토지를 개발할 경우 택지개발사업자(법인)라도 부동산개발업자로 등록이 되어야 개발이 가능하나(분양을 목적으로 하기 때문에 세대 수와 필지 수에 상관없음.) 개인이 개발할 경우 19세대 미만은 부동산개발업자를 통하지 않고도 개발하여 분양할 수 있다는 것이다.
토지를 매입해 개발한다면 다음과 같은 사항을 염두에 두어야 한다.

① 토지를 매입할 때 소유권 이전 명의자에 관하여

- 토지 매입에서 건설사에 명의를 넘겨주는 것은 토지의 권리를 행사할 수 없고, 투자자로서 참여하는 형태가 되기 때문에 추후 문제가 발생한다면 건설사의 채권자로서 채권 회수 외에는 아무런 조치를 할 수 없다. 토지에 대한 권리는 없기 때문에 권하고 싶지 않은 방법이다.

- 건설사가 보유한 토지를 개발할 경우 분양목적 사업이 되기 때문에 부동산개발업자등록이 되어 있어야 가능하고, 부동산개발업등록이 되어 있더라도 개발 대상지가 도시지역 자연녹지로서 10,000㎡ 이상일 경우 지구단위계획 수립(1종 변경)을 하여야 하므로 1년 이상의 인·허가기간과 용역비(약 1억~2억)가 과다하게 들어 개인이 소유한 상태에서 개발하는 것이 오히려 시간과 비용을 단축할 수 있다.

② 개발 방법에 관하여

- 개발 대상지의 면적이 5,000평으로 도시지역의 경우 3,000평이 초과되어 연접개발 제한 면적에 저촉되므로 2회에 걸쳐 인·허가를 받아야 하고, 2회에 걸쳐 인·허가를 받더라도 1회 인·허가의 목적사업을 준공하여야 2회 인·허가를 접수할 수 있는 애로사항이 있다. 아래 그림을 참고하여 개발하면 총 개발시일을 단축하고 전체를 한 번에 공사를 할 수 있다.

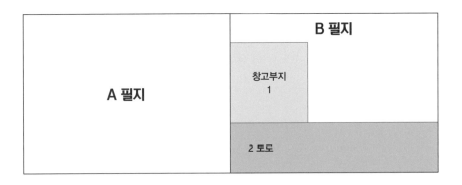

ⓐ 위의 그림과 같이 전체 대상지를 2개 구역으로 나눠 3,000평 미만으로 분할하고 각기 다른 2인의 개인 명의로 소유권을 이전한다.

ⓑ 1차 인·허가는 그림 1의 위치에 창고 허가를 넣는다. 2는 도로다.

창고 건축은 간단하므로 창고 면적을 최소화하여 간단히 판넬조의 건축물을 짓고 진입도로(2)를 포장한 후 준공을 받는다. 이렇게 하는 이유는 지목이 도로가 아닌 허가상 도로(계획도로라 함)를 이용하여 개발하는 모든 필지는 하나의 사업으로 간주되기 때문이다. 연접제한에 걸리게 되어 지구단위계획을 수립하여야 하므로 이를 피하기 위한 방법이다.

준공 후 (2)의 지목이 도로로 바뀌면 각기 다른 명의자로 되어 있는 A, B 필지에 각인의 명의로 19세대 미만의 주택 인·허가를 받는다.

ⓒ 문제는 A, B필지에 인·허가를 신청할 때 A와 B가 각기 1인의 명의로 되어 있기 때문에 각 필지의 19개 주택인·허가가 1개 허가로 묶여 있어 분양으로 인한 개개인이 추후 분할될 필지들을 구입한 후 건축할 경우 단독 준공이 불가하다는 것이다. 각 필지 건축물을 건축하여 준공할 때마다 설계변경을 하여야 하는 번거로움이 있다.

이것을 표로 정리해보자.

	항목	기간	
	2개 필지로 분할하여 각각 소유권 이전	계약 후 즉시 분할을 위한 개발행위허가 신청→허가득→분할측량 신청→측량→성과도 발급→군청지적과에 지적 정리접수→지적정리 완료	1 개월 소요
	↓		
1차 허가	입구 필지에 창고건축허가 신청	창고 건축을 위한 개발행위허가신청 (산림 형질변경과 건축은 의제 처리 :협의) →인·허가득 → 허가증 수령 →공사 → 준공을 위한 분할측량 →성과도 발급 → 성과도를 첨부한 산지적지 복구 준공신청 → 적지복구 준공승인→건축 준공 신청 → 건축 준공 → 창고 및 도로로 지목변경 → 종료	서두르면 3개월 소요
	↓		
	창고 건축 후 준공		
	↓		
	지목을 도로로 변경		
	↓		

2차 허가	위 그림의 A·B 인·허가 접수	각기 주택 건축을 위한 개발행위허가 신청(19세대 미만)→절차 위와 동일	1~2개월 소요
	↓		
	공사		
	↓		
	분양		

③ 분양가격에 관하여

분양가격은 평당 60만 원(±5만 원)을 책정하면 될 것 같다.

시공을 할 때 법면 처리를 보강토로 설치한다면 65만 원(분양 수수료는 평당 5만 원)까지 가능할 것으로 판단되며, 법면 처리를 석축(발파석)으로 설치한다면 55만 원(분양수수료는 평당 5만 원) 정도 예상이 가능할 것으로 판단된다.

④ 분양수수료의 소득 원천징수에 관하여, 분양수수료를 지불할 때
   - 수령자의 주민등록증 사본 또는 주민등록등본을 수령하고,
   - 수령자의 통장으로 입금한다.
   - 입금시에는 지급금액의 20%를 공제하고 지급한다.
   - 공제한 20%는 각 필지의 양도신고시에 세무서에 함께 신고하고 납부한다.
   - 신고한 20%의 세금은 수령자의 연말정산시에 정산되어 개인에 따라 환불 또는 추가 납입된다.

⑤ 가장 큰 리스크는?

건설사의 공사 부분에 많은 리스크가 있다. 시공사의 자금력과 신용도에 문제가 있다면 공사가 중단될 가능성이 있고, 공사비 책정과 상반되는 하급 공사 또는 부실공사 위험도 있다.

⑥ 대출금으로 충당하여야 할 잔금의 대출

전체 인·허가를 받는다면 5~6억 원 정도의 대출은 어렵지 않을 것으로 보인다.

⑦ 토지매입 계약의 체결에 관하여

토지매입 대금 중 일부만을 지불하고 잔금은 대출로 대체한다는 가정 아래 계약할 경우이며 계약을 서두르고자 한다면 소정의 금액을 지급하고 가계약을 한 후 20일 후 본 계약을 작성하기로 한다. 다시 수지 분석 후 사업성이 없다고 판단되면 가계약금은 위약금 없이 돌려주고 계약을 철회할 수 있다는 단서를 기재하고 계약한다. [개발계획 : 토지이용계획] 도면이 나온 후 도면에 의한 견적을 정확히 받고 다시 한 번 검토한 후 정식 계약을 체결하는 것이 안전하다고 생각된다.

ⓐ 계약금과 중도금의 지급 방법

계약금과 중도금을 한 번에 지급하고 잔금을 지불 하는 것은 추후 분쟁 소지가 있다. 적은 금액이더라도 중도금 명목으로 꼭 지급하는 것이 좋은 방법이다.

ⓑ 잔금의 지급조건

'잔금은 인·허가를 득한 후 대출을 받아 지급하기로 하고 매도인은 이에 협조한다.'는 단서를 달되 매도인이 기한을 정하자면 위의 조건을 단서에 명시하고 잔금 기일은 계약 후 약 6개월 정도로 예상하면 될 것 같다. 6개월을 정하더라도 조건에 인·허가 후라고 명시하면 6개월이 경과되어도 인·허가를 받지 못하였다면 계약을 어긴 것은 아니다.

ⓒ 중도금 지급 후 소유권을 이전 받고 지급하지 않은 잔금은 매도인이

대상지에 가등기 또는 근저당을 설정해 놓는 형태로 변경하여 전체 인·허가를 접수하는 데 차질이 없어야 할 것 같다. 전체 부지의 인·허가를 받아야 잔금을 지급할 정도의 대출이 가능할 것인데, 인·허가 신청을 접수하려면 토지소유주가 인·허가자와 동일하여야 하므로(주택허가시에만 해당됨) 소유권 이전은 잔금 이전에 하는 것을 매도인이 수락하여야 할 것 같다.

ⓓ 위 사항에 의하여 다음과 같은 단서를 계약서에 첨부하는 것을 고려해야 한다.

- 본 계약은 전체 부지에 주택건축을 위한 인·허가를 득할 수 있다는 조건 하의 계약임.
- 중도금 지급 후 매도인은 매수인과 매수인이 지정하는 자에게 소유권을 이전하고 미지급된 잔금에 대하여는 매도인이 근저당을 하여 채권 확보를 하기로 하며 본 토지의 인·허가를 받은 후 본 토지를 담보로 대출을 발생시켜 미지급 잔금을 지급하기로 함.
- 계약 후 토지의 분할에 필요한 서류를 매수인에게 제공하며 이에 적극 협조하기로 함.
- 소유권 이전시 매매대금은 쌍방이 협의하여 상향 신고하기로 하며 본 계약 총 대금과 상향 신고금액의 차액에 대한 양도세는 매수인이 부담하기로 함.
- 본 계약에 대한 쌍방 보증인으로 입회인이 참여하되 입회인은 본 계약사항의 일체에 대하여 인지하고 쌍방 보증에 자의로 수락하였음.(보증인 인적사항 필히 기재)
- 지상의 분묘는 연고, 무연고를 막론하고 매도인이 잔금 이전에 이장하여 주는 조건임.

⑧ 간추린 수지 분석

투자금	취득비용	토지매입비		평당 150,000 원×5,414 평	812,100,000
		세금, 공과금		4.6%	37,356,600
		구입 수수료		평당 1 만 원×5,414평	54,140,000
		소계			903,596,600
	개발비용	설계 용역비		평당 1 만 원×5,414평	54,140,000
			산지전용부담금 농지전용부담금	16,272/㎡×2,130/㎡ 평당 50,000원(최대)	34,659,360 24,600,000
		세금, 공과금	면허세	건당 10,000원×39 건	390,000
			지역개발공채	5,414×2,000원의 15%	1,624,200
			적지복구비	총 공사비의 1.5% 증권대체 총 공사비 650,000,000원	9,745,200
		공사비	일체	평당 12만 원	650,000,000
		소계			775,158,760
	지적정리	분할비		1 필지 400,000원×42 필지	16,800,000
		소계			16,800,000
		총계			1,695,555,360
매출	ⓐ분양대금 ⓑ분양수수료	총 판매 ⓒⓓ 수수료		5,414×600,000원 5,414×50,000원	3,248,400,000 270,700,000
	수익금			ⓐ—ⓑ	2,977,700,000
	총계				2,977,700,000
이익금			매출액—투자금	1,282,144,640	
양도세			이익금의 50%	641,072,320	
순이익금			641,072,320		

– 이자 비용은 제외되었다.

–총 공사비는 시공사에서 제시한 금액을 그대로 반영하였다.

가치 업그레이드를 위한 토지의 분할과 합병 실무

모든 땅은 필지 단위로 등록이 되어 있다. 보통 한 필지가 되려면 지역, 지번, 지목이 같고 소유주와 등기 여부가 같으며, 지적도에서 축적이 같고 지번이 연속되어 있어야 한다. 하지만 각 필지의 모양과 면적은 다 제각각이다. 땅의 모양과 면적은 단순히 땅의 인상을 좌우하는 요소가 아니라 때로는 땅의 가치를 결정하는 중요한 요인이 되기도 한다. 네모반듯한 땅은 보기에도 좋고 이용하기도 좋아 비싼 반면, 못생긴 땅은 가치가 떨어지는 측면이 있다.

그렇다면 땅의 면적은 어떨까? 땅의 넓이도 땅의 활용도와 가치에 중요한 영향을 미친다. 땅이 넓다고 무조건 좋은 것은 아니다. 땅이 넓으면 이용하기 불편하고 처분도 힘들다.

반면에 땅이 너무 좁아도 용도가 제한되고 이용에 제약이 따른다. 이런 이유로 토지를 리모델링 할 때는 땅의 활용가치와 수요를 높이기 위해서 넓은 땅을 나누거나 붙어 있는 좁은 땅끼리 합쳐 새로운 필지로 만드는 방법을 쓰기도 한다. 각각을 토지의 '분할'과 '합병'이라고 한다.

토지의 분할과 합병은 각각 그 이유가 타당해야 하고 일정한 요건과 절차를 밟아서 진행해야 한다. 먼저 토지분할의 경우를 보면, 지적법상 토지분할이 가능한 경우는 첫째, 필지 일부가 지목변경 등으로 용도가 바뀌었을 경우, 둘째, 소유권이전, 매매 등을 위해 넓은 땅을 분할하는 경우, 셋째, 토지이용 상 불합리한 지상 경계를 시정하기 위해 분할하는 경우로 규정하고 있다.

이러한 분할 규정을 잘 활용하면 땅의 가치를 높일 수 있다. 예를 들어 한 필지에 두 개의 용도지역이 중복돼 있는 경우에 보다 투자가치 좋은 용도지역으로 분할할 수 있는 방법이 있다. 가령, 2,460㎡(약 800평)의 임야가 1,980㎡(약 600평)은 관리지역, 나머지 660㎡(200평)은 농림지역일 경우에는 두 개의 용도지역이 적용된다. 하지만 한 쪽 용도지역이 330㎡(100평) 미만일 경우는 면적이 큰 쪽의 용도지역으로 편입되도록 되어 있다.

그러면 앞에서 말한 2,460㎡의 필지를 1,320㎡(400평)짜리 두 개의 땅으로 나눈 후, 각각 990㎡(300평)의 관리지역과 330㎡(100평)의 농림지역이 되는 결과가 나온다. 관리지역은 농림지역에 비해 용도지역상 가격이 훨씬 비싸다. 위의 경우 분할만으로 관리지역의 두 필지가 됐으니 땅값은 그만큼 상승한 셈이다.

관리지역 600평	농림지역 200평

분할 ⬇

관리지역 300평	농림지역 100평
관리지역 300평	농림지역 100평

결과 ⬇

관리지역 400평
관리지역 400평

(그 다음 다시 합병하거나 분할을 할 수 있음)

※ 지적법 시행령

제2조 (1필지로 정할 수 있는 기준) ① 지번부여지역 안의 토지로서 소유자와 용도가 동일하고 지반이 연속된 토지는 이를 1필지로 할 수 있다.

② 제1항의 규정에 불구하고 다음 각호의 1에 해당하는 토지는 주된 용도의 토지에 편입하여 1필지로 할 수 있다. 다만, 종된 용도의 토지의 지목이 "대"인 경우와 종된 용도의 토지면적이 주된 용도의 토지면적의 10퍼센트를 초과하거나 330제곱미터를 초과하는 경우에는 그러하지 아니하다.

1. 주된 용도의 토지의 편의를 위하여 설치된 도로·구거 등의 부지

2. 주된 용도의 토지에 접속되거나 주된 용도의 토지로 둘러싸인 토지로서 다른 용도로 사용되고 있는 토지

덩치가 큰 땅은 부담이 크기 때문에 잘 팔리지 않는다. 이런 토지는 적당한 넓이로 분할하면 수요가 높아져 매매가 용이해진다. 예를 들어, 면적이 넓은 산지나 농지의 경우, 도시인들이 주말농장이나 전원주택을 짓기에 알맞은 규모의 크기로 분할해 매각하는 방법을 종종 쓴다.

이를 '매매분할'이라고 하는데, 흔히 기획부동산들이 시골의 넓은 땅을 사들여 이러한 분할기법으로 토지를 쪼개 파는 일이 많다. 또한 토지의 전체 모양이 불균형할 때, 분할에 따라 모양이 예뻐지고 이용도가 더 높아진다면 역시 땅을 분할하는 것이 좋다. 토지분할과 함께 토지합병 기법 역시 땅 모양을 교정해 가치를 상승시키는 효과가 있다.

땅의 활용도가 높아지려면 합당한 건폐율과 용적률을 확보해야 하는데, 땅이 너무 좁으면 이러한 일이 불가능하다. 땅은 그 땅에 세울 수 있는 건물이 많아야 활용도가 높다. 그래서 필지를 확장하는 방법으로 '합병제도'를 이용하는 것이다. 또, 내 땅의 모양이 기형적일 때 옆 땅의 주인과 의견이 맞는다면 서로 필요한 만큼 맞교환 또는 분할과 합병 기법으로 서로의 단점을 보완할 수도 있을 것이다.

그러나 모든 토지가 합병을 할 수 있는 건 아니다. 서로 붙어 있는 땅이라도 행정구역이 다르거나, 지적의 축적이 다르고, 지반이 연속돼 있지 않은 경우라면 합병할 수 없다.

토지분할 실무

토지분할은 기존 토지 위에 건물이 있느냐, 없느냐로 나뉜다. 건물이 있다면 허가를 받지 않아도 되지만 그렇지 않다면 개발행위(토지분할)허가신청을 해서 허가를 받아야 하는데, 특별한 사정이 없다면 어렵지 않다. 건물이 있으면 허가 받지 않아도 된다.

건물 없는 경우의 절차에 대해 먼저 설명하도록 한다.

① 군청(시청)에 설치된 지적공사 창구에 토지분할 목적의 '현황측량' 신청을 한다. 측량 신청은 직접 가서 해도 되지만 전화나 인터넷으로도 가능하다. 신청 접수를 하면 비용을 알려 준다.

② 지적공사에서 측량 가능한 날짜를 잡아 연락이 오는데, 날짜는 절충이 가능하다. 측량을 하는 날 이해관계인이 모두 입회하는 게 좋다.

③ 분할을 위한 현황측량은 현장에서 이해관계인이 원하는 대로 선을 그어주는 게 전부다.

④ 수 일 후 분할측량성과도가 나오는데, 직접 지적공사에 가서 받아도 되고, 우편으로 받을 수도 있다. 성과도에는 가분할선이 표시되고 분할되는 토지의 정확한 면적이 표시된다.

현황측량 후 나중에 '분할측량'을 별도로 하는데, 현황측량의 가분할 결과를 그대로 이용하면 분할측량을 할 때 비용의 10%만 더 내면 되고, 현황측량 결과를 변경하면 처음부터 다시 현황측량을 하게 되므로 비용이 이중으로 소요된다.

⑤ 현황측량 결과를 이용해 '개발행위허가신청'을 낸다. 허가신청 서류는 군청(시청) 민원접수창구에 제출하고, 업무처리는 허가과에서 처리한다.

⑥ 약 일주일 정도 기다리면 허가 완료되었으니 찾아가라는 연락이 온다.

⑦ 개발행위, 토지분할 허가가 나오면 앞에서 이야기한 대로 지적공사에 '분할측량' 신청을 한다. 비용은 10% 가량이다. (현황측량 + 분할측량 비용이 100이라면, 현황측량을 할 때 90, 분할측량을 할 때 10)

⑧ 분할측량은 약 2주일 정도가 소요된다. 분할측량 결과가 나오면, 이것을 가지고 지적민원창구에 가서 지적공부정리신청을 하면 지적도와 토지대장이 정리된다.

⑨ 군청(시청) 토지공부가 정리되면 이것을 가지고 등기부등본 분필등기

신청을 한다.

개발행위(토지분할)허가 구비서류

① 개발행위(토지분할)허가 신청서 1부

② 토지분할사업계획서 1부(1, 2는 해당 서식 있음)

③ 매매의 경우 : 매매계약서 원본(특히, 매도인은 반드시 인감도장 확인)

– 인감증명서(매도인 : 부동산 매도용 인감증명서, 매수인 : 일반 인감증명서)

– 공유지분 분할의 경우 : 분할동의서(인감도장으로 날인) 인감증명서(공유
   자 전원 필요)

④ 가분할 도면(공유지 분할의 경우 도면에 인감도장으로 본인 토지에 확인 필요)

⑤ 등기부등본, 토지(임야)대장, 지적도(임야도), 토지이용계획확인서

분할이 가능한 토지

① 1필지의 일부가 지목이 다르게 된 때.

② 소유권이 공유로 되어 있는 토지의 소유자가 분할에 합의하거나, 토
지거래허가구역에서 토지거래계약 허가가 된 경우 또는 토지의 일부를 매
수하기 위하여 매매계약 체결 등으로 인하여 1필지의 일부가 소유자가 다
르게 된 때.

③ 분할이 주된 지목의 사용목적에 적합하게 토지소유주가 매매등을 위
하여 필요로 하는 때.

④ 토지 이용상 불합리한 지상 경계를 시정하기 위한 때.

일반적인 토지분할 절차를 정리하면, 개발행위허가신청서와 분할측량 신청에 의해 분할측량 성과도와 함께 토지이동신고서를 도시계획과에 제출한다.

분할을 하기 위해서는 분할측량을 실시하고 소관청이 정확 여부를 검사한 후에 발급한 측량성과도 및 신청서를 바탕으로 하여 토지 표시사항을 정리하고 소유권 표시사항은 분할 전의 대장에 등록된 사항을 새로이 작성하는 대장에 옮겨 등록한다. 등록 완료시 관할 등기소에 토지표시변경등기를 촉탁하고 등기필증을 토지소유주에게 통지하는 것으로 분할 절차는 종료된다.

분할이 가능한 토지라 하여 무조건 가능한 것은 아니다. 건축법, 그린벨트, 농지, 토지거래허가구역 내 분할 제한들이 있다. 각종 분할 제한을 숙지하여야 박스로 된 사과를 순도 높은 개별 사과로 포장하여 팔 수 있다는 것을 알아야 한다.

건축법상의 최소 토지면적 분할 제한

건축법 제49조에 의해 건축물이 있는 대지는 시행령이 정하는 범위 안에서 당해 지방자치단체의 조례가 정하는 기준(2미터 이상 도로, 건폐율 제한, 용적률 제한, 높이 제한 등)에 미달하게 분할할 수 없다.

건축법 시행령 제80조에 의해 도시계획지역 안에서 건축물이 있는 토지의 분할은 주거지역(80㎡), 상업지역(150㎡), 공업지역(150㎡), 녹지지역(200㎡), 기타 지역(60㎡)으로 최소 면적을 규정하고 있다.

여기서 투자 포인트로서의 핵심은 도시계획 이외의 지역과 건축물이 없는 토지는 적용대상이 아니라는 점이다.

그린벨트 내 토지분할의 제한

개발제한구역에 관한 지정 및 관리에 관한 특별조치법 제16조 토지의 분할에 의하면, 그린벨트 내에서 일반 필지는 200㎡, 주택 및 근린시설 건축에서는 지목이 대지인 토지 330㎡ 이내로 분할할 수 없다.

농지 소유의 세분화 방지(농지법 제22조)

① 국가와 지방자치단체는 농업인이나 농업법인의 농지 소유가 세분화되는 것을 막기 위하여 농지를 어느 한 농업인 또는 하나의 농업법인이 일괄적으로 상속·증여 또는 양도받도록 필요한 지원을 할 수 있다.

② '농어촌정비법'에 따른 농업생산기반정비사업이 시행된 농지는 다음 각 호의 어느 하나에 해당하는 경우 외에는 분할할 수 없다.

　　1. 도시지역의 주거지역·상업지역·공업지역 또는 도시계획시설 부지에 포함되어 있는 농지를 분할하는 경우.

　　2. 농지전용허가를 받거나 농지전용신고를 하고 전용한 농지를 분할하는 경우.

　　3. 분할 후의 각 필지의 면적이 2,000㎡를 넘도록 분할하는 경우.

　　4. 농지의 개량, 농지의 교환·분합 등의 사유로 분할하는 경우.

토지거래 계약의 허가를 요하지 아니하는 토지의 면적 등
(국토의 계획 및 이용에 관한 법률 시행령 제118조)

토지거래허가구역 내에서의 매매에 있어서 직접적인 분할 제한의 규정은 없으나, 허가구역 지정 후 최초의 분할은 분할 전의 면적으로 허가 여부를 판단하기 때문에 실질적인 분할 제한의 효과가 있다.

① 토지거래 계약의 허가를 요하지 아니하는 토지의 면적은 용도지역별로 주거지역은 180㎡ 이하, 상업지역은 200㎡ 이하, 공업지역은 660㎡ 이하, 녹지지역은 100㎡ 이하, 도시지역 안에서 용도지역의 지정이 없는 구역에서는 90㎡ 이하, 도시지역 이외의 지역에서는 250㎡ 이하이지만 농지는 500㎡ 이하, 임야는 1,000㎡ 이하로 규정하고 있다.

② 일단의 토지이용을 위하여 토지거래 계약을 체결한 후 1년 이내에 다시 같은 사람과 일단의 토지의 전부 또는 일부에 대하여 토지거래 계약을 체결한 경우에는 그 일단의 토지 전체에 대한 거래로 본다.

③ 허가구역을 지정할 당시 규정된 면적을 초과하는 토지는 허가구역의 지정 후 당해 토지가 분할된 경우에도 그 분할된 토지에 대한 토지거래 계약을 체결함에 있어서는 분할 후 최초의 거래에 한하여 규정된 면적을 초과하는 토지거래 계약을 체결하는 것으로 본다. 허가구역의 지정 후 당해 토지가 공유지분으로 거래되는 경우 역시 같다.

과거에는 토지분할로 큰 평수의 땅을 싼값에 매입해 시세보다 터무니없이 10배 이상 비싼 가격에 팔거나 개발호재를 부풀려 파는 기획부동산들 때문에 말도 많고 탈도 많았다. 이런 이유로 현지 중개업자나 전문가들이 선뜻 권유하기도 어려운 것이 분할된 땅들이다. 기획부동산의 대표적인 속임수가 토지분할이기 때문이다.

그러나 개별등기가 가능하고 도로와 인접하여 개발이 가능하다면 소액투자로 접근하기 용이한 투자처라고도 할 수 있다. 실물자산으로의 땅, 흥

정도 가능하고 쪼개기도 가능하여 얼마든지 맛 좋은 사과로 둔갑할 수가 있다. 원자재로서의 땅을 '토지분할'이라는 기술로 가공하여 보기 좋게 만들 수 있다면 최상의 수익을 얻을 수 있을 것이다. 재테크의 8할인 토지투자에서 토지분할은 합법적인 토지 리모델링이라고 할 수 있다.

토지분할의 실제 사례

단일 필지의 토지를 여러 명이 공동으로 사용하기 위해서는 토지분할이 필수다. 기획부동산의 쪼개기식 분할 판매로 인한 피해자가 늘어나자 극단적인 조치로 바둑판식 쪼개기를 금지하고 있는데, 사실 토지분할은 토지활용 면에서도 필수적이며 토지개발에서 필연적인 과정이다.

아래 토지는 3,000평의 단일 필지였다. 약 8개월에 걸쳐 15개 필지로 분할하였고 9개의 주택부지가 만들어졌다. 그 과정에 대해 살펴보기로 한다.

① 토지이용 가계획도 작성
② 일부 필지 대분할(가계획도의 도로예정선을 적용하여 일부 분할)
③ 도로개설을 위한 인·허가 접수
④ 인·허가에 의한 도로 분할
⑤ 도로 분할을 종료한 후 도로와 접한 미분할 필지 분할이라는 5개 과정을 거쳐 분할.

토지분할은 매매에 의한 분할과 허가를 득한 후 허가증과 허가도면을 첨부하여 분할 접수를 하면 분할 허가를 받을 수 있다. 목적사업이 분명하고 법에 저촉되지 않으며 실현가능하다고 판단되면 제한이 없다.

그림으로 분할 과정을 살펴보자.

■ 토지이용 가계획도 작성

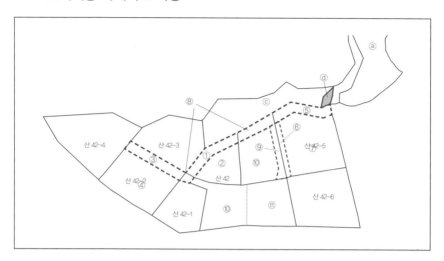

■ 분할 전 단일필지 상태

■ 가계획에 의한 도로선을 중심으로 일부 필지 매매에 의한 분할 신청

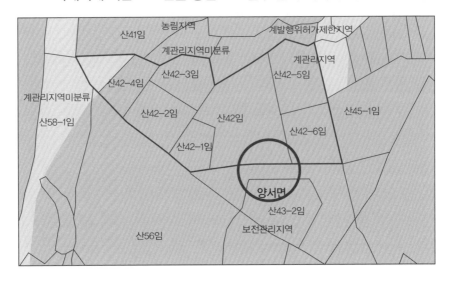

■ 189—3번지 및 189—5번지로 인허가 신청하여 도로 분할 실시

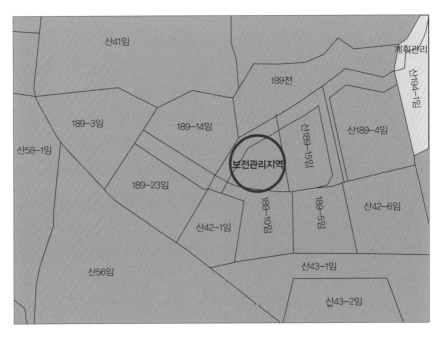

■ 분할을 하기 위한 과정

① 분할을 위한 개발행위허가 신청.
   - 개발행위(분할목적) 신청서
   - 토지이용계획도(분할계획도)
   - 토지등기부등본
② 개발행위허가 득(분할목적)
③ 개발행위허가증을 첨부하여 지적공사에 분할 신청 : 신청 후 약 7~10
   일 소요.
④ 분할측량 실시(현장에 분할 지점 말목 표시)
⑤ 분할성과도 발급(분할측량 실시 후 약 7일 정도 소요.)
⑥ 분할성과도를 첨부하여 군청 민원실에 지적정리 접수.
⑦ 지적정리가 되었다는 통보를 받음(문자 또는 우편으로)
⑧ 지적정리는 토지(임야)대장정리 : 지적도 정리→ 등기부등본변경 순으
   로 정리.

토지(임야)대장에는 정리가 되었으나 정리사항을 해당 군에서 등기소로
촉탁 등기하는 시일이 보통 15일 정도 소요되므로 등기부등본발급은 대장
발급보다 늦어진다.

[별지제 5 호서식]

개발행위허가신청서				처리기간
□공작물설치　　□토지형질변경　　□토석채취 ■토지분할　　□물건적치				15일

신청인	성명			주민등록번호	
	주소				

허가신청사항					

위치(지번)				지목	
용도지역				용도지구	

신청내용	공작물 설치	신청면적			중량	
		공작물구조			부피	
	토지형질 변경	토지현황	경사도		토질	
			토서석매장량			
		입목식재현황	주요수종			
			입목지		무입목지	
		신청면적				
		입목벌채	수종		나무수	그루
	토석채취	신청면적				
	토지분할	종전면적				
	물건적치	중량				
		품명				
		적치기간				

개발행위목적					
사업기간	착공		년　월　일	준공	년 월 일

국토의계획및이용에관한법률 제 57 조제 1 항의 규정에 의하여 위와 같이 허가를 신청합니다.
년　월　일
신청인　　　　　(서명 또는 인)　가 평 균 수 귀 하

※ 구비서류 1. 토지분할 사업계획서 1 부 2. 토지분할조서(분필 토지가 많을 경우) 3. 분할토지 등기부등본,(토지. 임야)대장, 지적도, 토지이용계획 확인원) 4. 공유지분 분할경우는 분할 공유자 동의서(인감증명첨부) 5 토지분할 가도면 6 토지일반매매계약서원본	수수료
	없음

토지분할 사업계획서

1. 사업계획
    가. 사 업 시 행 자 :
    나. 사업시행 목적 :
    다. 사 업 시 행 지 : 가평군 읍(면) 리 번지 다. 신 청 면 적 : ㎡

2. 사업설명(분할사유) :

3. 토지분할조서 (토지분할내역)

■ 신청인 : (   )

위치	지번	지목	지적(㎡)	분할예정지번	분할예정 면적(㎡)	매수인	확 인 (매수인 인감도장)

※ 토지조서상 확인란에는 매수인(소유 예정인) 인감도장을 날인하고 이를 확인하기 위하여 인감을 첨부

Chapter 3.
토지개발 행위 허가

개발 행위 허가의 이해

토지의 개발행위는 농지나 산지 등으로 보전되는 토지를 건축물의 건축 용지 또는 사업부지 등의 용도로 바꾸는 것을 말한다. 그리고 그것을 위해 토지의 형상과 성질을 바꾸는 것은 토지의 형질변경행위라고 한다.

개발대상 토지의 면적이 대규모인 도시개발 또는 택지개발 등은 도시관 리계획에서 개발구역 또는 개발지구로 결정되는 계획입지로서 도시개발 법 또는 택지개발촉진법 등 관련 법률에 따라 사업계획을 승인받아 개발사 업을 진행하여야 한다. 대체로 면적이 그보다 적은 일정 규모 이상인 토지 를 개발하는 지구단위계획구역은 도시관리계획으로 지정되고, 개발행위는 행정계획으로서 지구단위계획의 수립 및 승인의 절차를 거친 다음 그 구역 안에서 개별적으로 이루어진다. 그러나 앞의 경우와는 다르게 행정계획에 의하지 아니하는 개별입지의 소규모 토지에 대해서 사적 개발 및 이용 행위 는 개발행위허가를 받음으로써 그 개발요구를 충족할 수 있다.

국토의 효율적 이용을 위한 선 계획 및 후 개발에 대한 예외적 경우로서 사적 개발행위는 한정된 범위 안에서 허용하는 것으로서 개발할 토지의 형 질변경에 대해서는 허가하는 최대 면적의 규모 제한과 허가의 기준이 있다.

개발행위허가는 국토의 효율적 이용을 위한 공법적 규제를 받는 것으로서 그 뿌리는 헌법에 두고 있다.

헌법 제122조에 따라 국토의 효율적이고 균형 있는 이용·개발과 보전을 위하여 법률이 정하는 바에 의하여 그에 관한 필요한 제한과 의무를 과할 수 있으므로, 사적인 일정 규모의 개발행위에 대해서도 허가 제도와 그 규제가 있는 것이다. 따라서 개발행위허가는 토지의 형질변경 등의 각각 행위에 대해 도시계획 차원의 타당성, 기반시설의 공급 여부, 주변의 환경 및 경관과의 조화 등을 검토해 허용 여부를 결정하는 허가의 제도로서 허가권자에게 허가 처분에 대한 재량권이 있다.

개발행위허가에 대한 개념이 도입된 역사는 그리 오래되지 않았다. 개발행위허가의 개념을 도입하기 이전에는 토지의 형질변경 등의 행위가 도시계획법에 따른 도시계획구역 내에서 토지의 합리적인 이용이나 도시계획사업에 지장이 될 우려가 있는 때 허가를 아니하는 기준에 관한 사항 등이 동법 시행령 및 관련 행정규칙에 열거하여 규정하고 있었다. 이것으로는 토지의 형질변경 등의 개발행위에 대한 허가 처분이 재량 행위에 해당한다는 법적 근거가 부족하여 개발행위허가와 개발행위허가 대상을 법에서 정하게 되었다. 즉 폐지된 법률인 '도시계획법'이 2000년 7월 1일 전부개정부터 도시계획사업이 아닌 사적인 행위로 건축물의 건축과 공작물의 설치, 토지의 형질변경, 토석의 채취, 토지의 분할 및 물건의 적치 행위에 대해 개발행위허가의 제도가 도시계획법 차원에서 도입되었다. 여기서 건축과 공작물의 설치가 개발행위허가 대상에 처음으로 포함되었고 개발행위허가 제도가 새롭게 확립된 것이다.

2003년 1월 1일 국토이용관리법 및 도시계획법이 각각 폐지되고 '국토의 계획 및 이용에 관한 법률'로 통합 시행됨으로써 비도시지역에 대해서도 이전의 도시계획법에 도입된 개발행위허가 제도를 적용하게 되었다.

그러나 실무적으로는 비도시지역에서 개발행위허가제도가 정착되기까지 상당한 과도기적 시간이 필요하였으며, 비도시지역의 산림에서 토지의 형질변경은 국토의 계획 및 이용에 관한 법률을 제정하여 시행하는 때(2003. 1. 1.)에도 개발행위허가를 받지 아니하고 산지관리법(2002. 12. 30 제정, 2003. 10. 1 시행)에 의한 산지전용허가를 받도록 하였으며, 근래 관리지역의 적성평가가 완료되어 실제 계획관리지역으로 분류된 곳의 산림에서 토지의 형질변경 행위가 산지전용허가에서 개발행위허가로 바뀌게 되었다. 2009년 5월 8일 국토의 계획 및 이용에 관한 법률 개정 입법예고에서는 생산관리지역·보전관리지역·농림지역·자연환경보전지역의 산림에 대해서도 토지의 형질변경 행위는 농림어업의 보전·증식을 목적으로 하는 것이 아니면 개발행위허가를 받도록 하는 법률 개정의 시도가 있었음을 참고할 만하다.

국토의 계획 및 이용에 관한 법률에 따른 개발행위허가가 전국의 토지에 대한 것이지만 토지의 분할 행위는 주거지역·상업지역 및 공업지역을 제외한 녹지지역·관리지역·농림지역 및 자연환경보전지역 내에서, 물건의 적치 행위는 녹지지역·관리지역 및 자연환경보전지역 안, 즉 일부 용도지역에서의 행위에 대해서만 개발행위허가를 받는다.

개발행위허가의 예외로서 국토의 계획 및 이용에 관한 법률에 따르지 아니하고 다른 법률에 따라 허가를 받는 행위로서 다음과 같은 경우 등이 있음을 알고 나면 개발행위 및 허가대상의 개념적 범위와 허가처분의 실제 절차를 폭 넓게 이해할 수 있다.

① 건축물의 건축과 건축물과 관련된 공작물의 설치 행위 : 건축법
② 도시지역·계획관리지역의 산림에 임도의 설치 행위 : 산림자원 조성 및 관리에 관한 법률
③ 도시지역·계획관리지역의 산림에 사방사업 행위 : 사방사업법
④ 보전관리지역·생산관리지역·농림지역·자연환경보전지역의 산림

에서 토지의 형질변경과 토석의 채취 행위 : 산지관리법

⑤ 주거지역·상업지역·공업지역에서 토지의 분할 행위 : 측량수로조사 및 지적에 관한 법률

⑥ 농림지역에서 사도의 설치 행위 : 사도법

개발 행위에는 어떤 것이 있나?

법률에서 규정하고 있는 개발 행위는 아래와 같은 5가지 유형이 있다.

① 건축물의 건축 또는 공작물의 설치

② 토지의 형질변경(경작을 위한 토지의 형질변경은 제외)

③ 토석의 채취(토지의 형질변경을 목적으로 하는 것은 제외)

④ 토지분할

⑤ 녹지지역·관리지역 또는 자연환경보전 지역에 물건을 1개월 이상 쌓아놓는 행위(이를 제외한 지역에서는 물건을 1개월 이상 쌓아놓아도 허가를 거치지 않음.)

※이 중에서 일반적으로 중·대규모 개발의 경우에는 '지구단위계획'이나 '도시계획시설사업' 등 별도의 행정 절차를 거쳐 개발이 가능하다.

토지 형질변경

절토, 성토, 정지, 포장 등의 방법으로 토지의 형상을 변경하는 행위와 공유수면의 매립. (경작을 위한 토지의 형질변경은 제외)

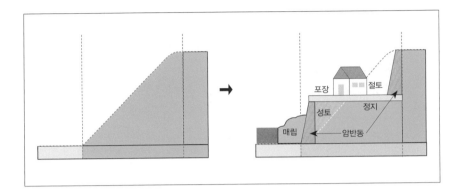

① 절토 : 평지나 평면을 만들기 위하여 흙을 깎아내는 일.

② 성토 : 종전의 지반 위에 다시 흙을 돋워 쌓는 것.

③ 매립 : 연안의 얕은 수역에 토사를 운반하여 지반을 높이고 새로운 육지를 만드는 것.

④ 정지 : 흙을 이동시켜, 수평 또는 균일 경사의 지표면을 조성하는 것.

⑤ 포장 : 길바닥에 아스팔트·돌·콘크리트 등을 깔아 단단하게 다져 꾸미는 일.

토지분할

① 녹지지역·관리지역·농림지역 및 자연환경보전지역 안에서 관계법령에 따른 허가·인가 등을 받지 않은 토지분할.

② 용도지역별 분할 제한면적(주거지역 : 60㎡, 상업지역 : 150㎡, 공업지역 : 150㎡, 녹지지역 : 200㎡, 기타 지역 : 60㎡) 미만으로의 토지분할.

③ 관계법령에 의한 허가·인가 등을 받지 않고 행하는 너비 5m 이하로의 토지분할.

의제(다른 법에 위임) 대상

도시지역·계획관리지역 내 산림에서의 임도설치와 사방사업은 각각 산지관리법과 사방사업법의 규정에 의함 보전관리지역·생산관리지역· 농림지역·자연환경보전지역 내 산림에서의 토지형질변경 및 토석 채취는 '산지관리법'의 규정에 의한다.

개발행위는 모두 허가를 받아야 하나?

법에서는 다음과 같이 시간을 다투는 사안이거나 공공의 이익을 위해 불가피한 경우, 행위의 정도가 경미하여 주변 지역 등에 미치는 영향이 적을 때에는 허가대상에서 제외하고 있다.

도시계획사업에 의한 개발행위, 재해·복구·재난 수습을 위한 응급조치, 건축법에 의한 신고대상 건축물의 개축·증축·재축과 이에 필요한 범위 안에서의 토지 형질변경. (도시계획시설사업이 시행되지 않고 있는 도시계획시설의 부지인 경우에 한함.)

그밖에 아래와 같은 경미한 행위(국토계획법 제53조)에 대해서는 허가를 받지 않아도 가능하다.

개발행위허가 대상에서 제외되는
경미한 행위의 건축물 건축 또는 공작물의 설치 중

① 건축법 제11조 제1항에 따른 건축허가 등 건축신고에 해당하지 않는

건축물의 건축.

② 도시지역 또는 지구단위계획구역에서 무게 50t 이하, 부피 50㎥ 이하, 수평투영면적 25㎡ 이하의 공작물 설치.

③ 도시지역, 자연환경보전지역, 지구단위계획구역 이외 지역에 무게 150t 이하, 부피 150㎥ 이하, 수평투영면적 75㎡ 이하인 공작물의 설치.

④ 녹지지역·관리지역 또는 농림지역 안에서의 농림어업용 비닐하우스 (비닐하우스 안에 설치하는 육상 어류양식장을 제외한다.)의 설치.

토지의 형질변경 중

① 높이 50센티미터 이내 또는 깊이 50센티미터 이내의 절토·성토·정지 등 (포장을 제외하며, 주거지역·상업지역 및 공업지역 외의 지역에서는 지목변경을 수반하지 아니하는 경우에 한함.)

② 도시지역·자연환경보전지역 및 지구단위계획구역 외의 지역에서 면적이 660㎡ 이하인 토지에 대한 지목변경을 수반하지 아니하는 절토·성토·정지·포장 등.

③ 조성이 완료된 기존 대지에 건축물이나 그 밖의 공작물을 설치하기 위한 토지의 형질변경. (절토 및 성토는 제외.)

④ 국가 또는 지방자치단체가 공익상의 필요에 의하여 직접 시행하는 사업을 위한 토지의 형질변경.

토석의 채취 중

① 도시지역 또는 지구단위계획구역에서 채취 면적이 25㎡ 이하인 토지

에서의 부피 50㎥ 이하의 토석 채취.

② 도시지역·자연환경보전지역 및 지구단위계획구역 외의 지역에서 채취 면적이 250㎡ 이하인 토지에서 부피 500㎥ 이하의 토석 채취.

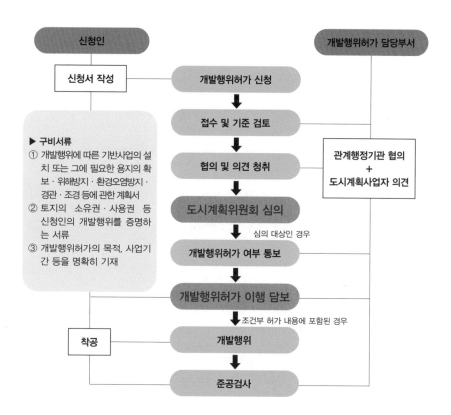

토지분할 중

① 사도법에 의한 사도개설 허가를 받은 토지의 분할.

② 토지의 일부를 공공용지 또는 공용지로 하기 위한 토지의 분할.

③ 행정재산 중 용도폐지 되는 부분의 분할 또는 일반 재산을 매각·교환

또는 양여하기 위한 분할.

④ 토지의 일부가 도시계획시설로 지형도면 고시가 된 당해 토지의 분할.

⑤ 너비 5m 이하로 이미 분할된 토지의 건축법 제57조 제1항에 따른 분할 제한면적 이상으로의 분할.

물건 적치 중

① 녹지지역 또는 지구단위계획구역에서 물건을 쌓아놓는 면적이 25m² 이하인 토지에 전체 무게 50t 이하, 전체 부피 50㎥ 이하로 물건을 쌓아놓는 행위.

② 관리지역에서 물건을 쌓아놓는 면적이 250m² 이하인 토지에 전체 무게 500t 이하, 전체 부피 500㎥ 이하로 물건을 쌓아놓는 행위.

도시계획위원회 자문 및 심의

허가대상이 되는 사업 중 개발행위가 상대적으로 대규모로 이루어져 해당 개발행위만을 보고 허가 여부를 판단하기 곤란한 경우에는 도시계획위원회의 심의를 받도록 하고 있다.

도시계획위원회의 심의는 개발행위의 규모에 따라 중앙 도시계획위원회, 시·도 도시계획위원회, 시·군·구 도시계획위원회로 나뉘며, 지방자치단체가 자체로 판단하는 경우와 도시계획위원회의 심의가 필요한 경우가 규모에 따라 다음 표와 같이 결정된다.

구분	중앙	시 · 도	시 · 군 · 구
면적	1㎢ 이상의 토지형질변경	30만㎥~1㎢ 미만 토지형질변경	30만㎡ 미만 토지형질변경
부피	100㎥ 이상의 토석 채취	50만~1백만㎥ 미만의 토석채취	3만~50만㎥ 미만의 토석채취

▶ 제출해야 할 서류
① 개발행위허가 목적 · 필요성 · 배경 · 내용 · 추진 절차 등을 포함한 개발행위의 내용
② 대상 지역과 주변 지역의 용도지역 · 기반시설 등을 표시한 축척 2만 5천분의 1의 토지이용 현황도
③ 배치도, 입면도(건축물의 건축 및 공작물의 설치의 경우) 및 공사계획서
④ 그 밖의 국토해양부령이 정하는 서류

개발행위허가기준

국토계획법상 개발행위허가기준

특별시장 · 광역시장 · 시장 또는 군수는 개발행위허가의 신청내용이 다음의 기준에 맞는 경우에만 개발행위허가를 해야 한다.

① 용도별 특성을 감안하여 대통령령이 정하는 개발행위의 규모에 적합할 것.
② 도시관리계획의 내용에 배치되지 아니할 것.
③ 도시계획사업 시행에 지장이 없을 것.
④ 주변 지역의 토지이용 실태 또는 토지이용계획, 건축물의 높이, 토지의 경사도, 수목의 상태, 물의 배수, 하천 · 호소 · 습지의 배수 등 주변 환경 또는 경관과 조화를 이룰 것.
⑤ 당해 기반시설의 설치 또는 그에 필요한 용지의 확보계획이 적정할 것.

용도지역별 개발행위허가의 규모 기준

지역구분		규모	기타
도시지역	주거지역, 상업지역 자연녹지지역, 생산녹지지역	1만㎡ 미만	
	공업지역	3만㎡ 미만	
	보전녹지지역	5천㎡ 미만	
관리지역 및 농림지역		3만㎡ 미만	조례로 따로 정할 수 있음
자연환경보전지역		5천㎡ 미만	조례로 따로 정할 수 있음

연접개발의 제한

위와 같은 규모에 해당하는지 산정할 때 특히, 주의해야 할 것은 녹지지역, 관리지역, 농림지역 또는 자연환경보전지역 내에서는 연접하여 개발하거나 수 차례에 걸쳐 부분적으로 개발하는 경우 이를 하나의 개발행위로 보아 그 면적을 산정해야 한다는 것이다. 단, 다음과 같은 예외 규정이 있다.

※예외 규정(시행령 제55조 제5항)

① 고속국도·일반국도 또는 너비 20m 이상의 도로·하천·공원 등 지형지물에 의해 분리된 경우로서 개발행위허가의 대상인 토지의 진입도로가 너비 8m 이상이고, 주 간선도로 또는 도로법 제11조의 규정에 의한 도로(고속국도 제외)에 직접 연결된 경우.

② 자연취락지구, 개발진흥지구 또는 위락지구 안에 위치한 경우.

③ 제1종 및 제2종 근린생활시설 또는 주택(주택법 제16조의 규정에 의한 사업계획승인을 받아야 하는 주택 제외)을 건축하고자 하는 경우.

④ 공장 등 대규모 단일시설물.

⑤ 공장 등 건축물의 집단화를 유도하기 위해 조례로 정하는 용도지역, 허용하는 건축물의 용도, 기존 건축물의 대지로부터의 거리(도로 너비

제외), 기존 개발행위 전체 면적(진행 중 포함), 기반시설 등 기타 사항의 요건에 맞게 건축하는 경우.

세부적인 허가기준

개발행위허가를 담당하고 있는 행정청에서는 공통 분야, 도시관리계획, 도시계획사업, 주변 지역과의 관계, 기반시설, 그 이외의 사항 등 6가지에 대해 아래와 같은 세부적인 허가심사기준을 고려하여 개발행위의 허가 여부를 심사하고 있다.

공통분야
① 조수류·수목 등의 집단 서식지가 아니고, 우량 농지 등에 해당하지 않아 보전의 필요가 없을 것.
② 역사적·문화적·향토적 가치, 국방상 목적 등에 따른 원형보전의 필요가 없을 것.
③ 토지의 형질변경 또는 토석채취의 경우에는 표고·경사도·임상 및 인근 도로의 높이, 배수 등을 참작하여 도시계획조례(특별시·광역시·시 또는 군의 도시계획조례를 말한다.)가 정하는 기준에 적합할 것.

도시관리계획
① 용도지역별 개발행위의 규모 및 건축제한 기준에 적합할 것.
② 개발행위허가 제한지역에 해당하지 아니할 것.

도시관리계획사업
① 도시계획사업 부지에 해당하지 아니할 것.(제61조의 규정에 의하여 허용되

는 개발행위 제외)

② 개발시기와 가설시설의 설치 등이 도시계획사업에 지장을 초래하지 아니할 것.

주변 지역과의 관계

① 개발행위로 건축 또는 설치하는 건축물 또는 공작물이 주변의 자연경관 및 미관을 훼손하지 아니하고, 그 높이·형태 및 색채가 주변건축물과 조화를 이루어야 하며, 도시계획으로 경관계획이 수립되어 있는 경우에는 그에 적합할 것.

② 개발행위로 인하여 당해 지역 및 그 주변 지역에 대기오염·수질오염·토질오염·소음·진동·분진 등에 의한 환경오염·생태계 파괴·위해 발생 등이 발생할 우려가 없을 것. 다만, 환경오염·생태계 파괴·위해발생 등의 방지가 가능하여 환경오염의 방지, 위해의 방지, 조경, 녹지의 조성, 완충지대의 설치 등을 허가의 조건으로 붙이는 경우에는 그러하지 아니하다.

③ 개발행위로 인하여 녹지축이 절단되지 아니하고, 개발행위로 배수가 변경되어 하천·호소·습지로의 유수를 막지 아니할 것.

기반시설

① 주변의 교통소통에 지장을 초래하지 아니할 것.

② 대지와 도로의 관계는 건축법에 적합할 것.

기타

① 공유수면 매립의 경우 매립 목적이 도시계획에 적합할 것.

② 토지의 분할 및 물건을 쌓아놓는 행위에 입목의 벌채가 수반되지 아니할 것.

PART 06

실전투자 필살기

공부서류를 확인하고 챙겨라

토지공부서류의 판독

부동산투자에 처음 관심을 갖기 시작할 때 가장 먼저 알아둬야 할 지식은 무엇일까? 부동산투자 이론일까? 아니면 실전투자 전략일까? 투자자들은 늘 고민에 빠지기 쉽다. 필자가 부동산 거래현장에 있으면서 느끼는 점은 바로 '기본'에 충실해야 한다는 것이다.

투자의 기본을 지키는 것 중 하나는 바로 부동산 서류를 잘 보고 투자에 활용해야 한다는 것이다. 부동산 관련 서류 보는 법을 익혀 실무에 응용, 접목한다면 성공투자를 이끄는 기초 체력을 닦아두는 것이며 서류를 통해 미리 부동산의 가치를 찾아낼 수도 있다고 확신한다.

부동산의 6대 공적장부로는 '등기부등본, 건축물대장, 토지(임야)대장, 지적(임야)도, 토지이용계획확인서, 공시지가확인서'가 있다. 부동산 공적장부(이하 공부公簿)는 부동산에 대한 정보가 숨어 있는 보고라고 해도 과언이 아니다. 부동산 거래에서 늘 따라붙는 서류지만 투자자들은 소홀하게 취급하거나 서류 보는 방법을 몰라 대충 중개사에게 일임하는 경우가 많다.

그러나 본인이 정확히 서류 보는 법을 알고 거래를 한다면 부동산의 거래사고를 미연에 방지함은 물론 미래 투자가치와 활용성을 예측할 수 있다. 부동산 거래는 '서류에서 시작해 서류에서 끝난다.'고 한다. 어려운 용어가 많아 복잡한 듯 보이지만 서류마다 중요한 의미가 담겨 있다.

공부를 볼 때는 부동산의 용도와 규제부터 체크하는 게 가장 효과적인 방법이다. 개발업자나 중개업자의 투자를 유도하는 백 마디 번지르르한 말보다 서류 하나를 믿고 투자를 결정하는 게 백 번 낫다. 부동산투자를 결정하는 과정에서 우리가 흔히 발급받는 공부를 통해 투자성을 가늠하는 법과 공부를 열람할 때 유의해야 할 점을 알아보자.

토지공부서류의 판독

공부서류		확인내용	사용시기	발급처
등기사항 전부증명서 (등기부등본)	건물 등기사항 전부증명서	건물 주인 확인 및 건물을 나중에 다른 사람에게 뺏길 수 있는 사항이 있는지 알 수 있다.	건물이 있는 부동산 계약	관할등기소, 대법원 인터넷 등기소 (www.iros.go.kr)
	토지 등기사항 전부증명서	토지 주인 확인 및 토지를 나중에 다른 사람에세 뺏길 수 있는 사항이 있는지 알 수 있다.		
건축물대장		건물의 면적, 층수, 구조 등을 정확히 알 수 있다.	토지계약	구청(군청), 정부민원포탈 민원24 (www.minwongo.kr)
토지대장		토지의 사용 목적(지목), 실제 면적 등을 정확히 알 수 있다.		
지적도		토지의 모양과 옆 토지와의 경계 등을 알 수 있다.		
토지이용계획확인서		토지를 원하는 대로 이용하는 데 제한사항이 있는지 여부를 확인할 수 있다.		구청(군청), 토지이용규제정보 서비스 (luris.molit.go.kr)

등기부등본

부동산의 권리관계를 모든 사람에게 알려주기 위한 방법으로 국가에서 등기부라는 장부를 만들어 부동산의 표시와 권리관계를 기재하도록 한 것이 부동산등기 제도이다. 토지와 건물등기부로 구별되어 있는데, 발급을 받으면 가장 먼저 소유자가 동일한지 확인해야 한다.

소유자의 인적사항, 공유지분 여부, 소유권 변동의 원인과 이전 시점, 압류·가압류·가처분·가등기 사항, 지상권·지역권·전세권·임차권·저당권 여부를 점검한다.

표제부는 부동산 소재지와 그 내용이 기재돼 있다. 계약하고자 하는 부동산의 지번과 표제부에 표시된 지번의 일치 여부를 확인하고 아파트 등 집합 건물은 동과 호수를 확인한다. 갑구는 소유권에 관한 사항이 접수된 일자 순으로 기재돼 있다.

소유권자의 이름을 확인한 후 계약을 할 때 소유권자와 직접 계약을 체결해야 한다. 단독주택의 경우 토지와 건물 등기부 모두 확인하여 소유주가 동일한가를 확인하고 압류, 가압류, 가등기, 예고등기 등이 없는지 확인한다.

을구에는 소유권 이외의 권리인 저당권·전세권·지역권·지상권 등이 기재된다. 저당권, 전세권이 먼저 설정된 경우 매수인은 그 권리를 떠안아야 하며 임차인은 전세권자 등이 배당받고 남은 금액만 배당받을 수 있다.

전 소유자와 관련된 소송이나 세금, 상속문제, 조상 땅 찾기 등으로 예전의 권리관계를 따져야 할 때는 폐쇄등기부를 발급받아야 한다. 이 등기부는 현재의 등기로서의 효력은 없으나 이기사항의 불명이나 과거의 권리관계에 대한 다툼을 해결하는 데 중요한 의미를 가진다. 신 등기부에는 작성 당시 효력이 없는 과거의 권리관계는 기재하지 않으므로 오래된 권리관계까지 알아볼 때 교부받는다. 이 등기부에도 없다면 전산 이후 폐쇄등기를 발급받으면 된다.

등기부를 볼 때 유의해야 할 점은 등기부에 대출 등이 한 건도 없음에도 불구하고 매도자가 서둘러 싸게 팔려고 한다면 어떤 이유로 매매하게 됐는지를 확인해야 한다. 이런 매물 중에는 간혹 사기매물, 이중매매, 위조서류, 가짜 매도자가 매수자를 현혹해 값싸게 파는 매물로 둔갑하는 경우가 많다. 신도시나 중소도시에 이런 매물들이 출현해 가짜 매도자가 계약금을 챙기고 도주하는 사례가 빈발하고 있으므로 주의가 필요하다.

건축물관리대장

건축물의 신축, 증축, 용도변경, 멸실 등 기타 변동사항을 정리해 놓은 공적장부로서 명칭, 구조, 용도, 각 층별 면적, 용적률, 사용승인일자, 주차장 등을 확인할 수 있다. 재산세 부과를 위해 행정관청에 비치된 공부인데 건축물의 허가사항 및 가치평가의 기준이 된다. 외관상 멀쩡해 보이는 건물이라도 준공한 지 20년이 넘었다면 안전진단 후에 투자를 결정하는 게 바람직하다.

이 장부를 볼 때는 등기부등본과 일치 여부를 먼저 확인한다. 소재지와 소유자, 주용도, 면적을 확인하고 무허가 건물로 등재된 경우 철거될 위험이 있다. 지하주차장을 창고로 사용하고 있거나, 당국의 허가 없이 건물 용도변경, 불법 사용시에는 벌금 및 고발조치 된다. 공동주택의 경우 건축물관리대장과 등기부등본 면적이 분양을 할 때의 평수와 차이가 있다. 대체로 전용면적만 건축물관리대장에 등재되나 면적 기재가 현황상 잘못된 것이 있는지 꼼꼼하게 따져봐야 한다.

건물의 용도는 건축법이 정하는 용도 구분에 따라 주차장 확보기준과 정화조 용량, 부과되는 세금, 교통유발부담금이 정해진다. 용도변경을 하려면 설계변경도면을 작성하여 관청의 허가를 득한 후 공사를 하여야 한다.

건축물관리대장에서는 소재지와 면적, 구조, 건축연도 일지 여부와 지

문서확인번호 1202-0974-7429-0171

8 일반건축물대장

고유번호	1168010500-1-0163 0001		명칭		호수/가구수/세대수

대지위치	서울특별시 강남구 삼성동	지번		도로명주소	
대지면적	1,272.5㎡	연면적	1,463.48㎡	지역	일반주거지역	지구		구역	
건축면적	499.97㎡	용적률산정용연면적 ㎡		주구조	철근콘크리트조	주용도		층수	지하1층/지상3층
건폐율	39.29%	용적률	82.6%	높이	8.6m				

구분	층별	구조	용도	면적(㎡)
주2	지하1층	철근콘크리트조	세차장	41.08
주1	3층	철근콘크리트조	주유소(주유소)	254.69
주1	2층	철근콘크리트조	주유소(주유소)	77.01
주1	2층	철근콘크리트조	사무실	188.03
주1	1층	철근콘크리트조	주유소사무실	85.97
주1	1층	철근콘크리트조	소매점(店)	177.03
주1	지하1층	철근콘크리트조	사무실	311.35
주1	1층	철근콘크리트조	사무실,기계실	179.26
주2	2층	철근콘크리트조	사무실,기계실	31.35
주2	1층	철근콘크리트조	세차장	57.71
		- 이하여백 -		

성명(명칭) 주민(법인)등록번호(부동산등기용등록번호)	주소	소유권지분	변동일자 변동원인
홍 351222-2-******	종로구 구기동	1/2	1978.02.28 소유자등록
조 360126-1-******	종로구 구기동	1/2	1978.02.28 소유자등록
홍 351222-2-******	마포구 95117 럭키토니아주	1/2	1999.06.09 주소변경
조 360128-1-******	마포구 95117 럭키토니아주	1/2	1999.06.09 주소변경

이 등(초)본은 건축물대장의 원본내용과 틀림없음을 증명합니다.

담당자 : 지적과
전화번호 : 02 - 2104 - ....

2008년 02월 0..

서울특별시 강남구청장

자체로부터 준공검사를 마쳤는지를 확인한다. 무허가, 불법 및 위법 건축물 여부와 건물주가 건물에 대해서 설명한 사항이 건축물대장과 일치하는지를 검토해야 한다.

단독·전원주택의 경우 건축물 현황도를 추가로 발급받으면 축척 1/300의 배치도와 1/200 평면도를 확인할 수 있다. 인접 대지 경계선과 정확한 평면도를 통해 주택의 구조와 함께 활용성을 따질 수 있다. 설계업체와 담당자 이름이 기록돼 추후 리모델링이나 개보수를 할 때 유용하다.

일반 건축물대장

건축물대장은 일반 건축물대장과 집합 건축물대장이 있다. 아파트나 빌딩이 아니라면 모두 일반 건축물대장을 가지게 된다.

대지 위치, 지번, 명칭 및 번호

말 그대로 건축물의 위치를 특정하기 위해 나타내는 부분이다. 건물번호는 한 대지 내에 여러 개의 건축물이 있을 경우 각각의 건축물을 특정하기 위해 번호를 붙이는 것이나 대부분 건물이 하나여서 단지 안에 건물이 아닌 경우를 제외하고 거의 없다고 본다.

대지 면적, 연면적

말 그대로 건물이 위치한 부분의 총 대지 면적이고 연면적이란 건물이 올라간 부분의 총 면적을 말하는 것이다. 건물 1층부터 10층까지 각 층마다 100평이라고 한다면 연면적은 1000평이 된다고 보는 것이다.

건축 면적, 건폐율

건축면적이란 1층의 면적만을 말하는 것이다. 일반적으로 '국토의 계획 및 이용에 관한 법률'에 지역별 건폐율을 명시하고 있고 이는 각 시도 조례에 의해 구체화 되고 있어 시도 조례를 참고하면 해당 지역의 건폐율을 알 수 있다. 그리고 건축물대장에 명시되어 있는 건폐율은 건축신고를 할 때 신고된 건폐율이 명시되는 것이다.

건축물의 현황

현재 사용 중인 건물이 각각 층별로 층마다 단위별로 어떠한 용도로 신청되어 사용되고 그 면적은 어떻게 되고 구조는 어떻게 되어 있는지 나타내 준다. '주 1', '주 2'로 구분되는 것은 말 그대로 건물이 두 개이고 두 개의 건물이 각각 어떤 용도와 면적으로 신청되었는지 순차적으로 보여주는 것이다.

소유주 현황

토지대장과 마찬가지로 건축물대장에서도 소유주의 표시가 나타난다. 일반적으로 토지와 건축물의 소유주가 같으나 우리 민법상 토지와 건물을 구분해 놓았고 대장과 등기도 구분되어 있어 토지와 건축물의 소유주가 다른 경우도 상당히 많다.

만일 이렇게 건축물의 소유주와 토지의 소유주가 다른 경우 지상권의 문제가 결부되는 경우가 많아 우리 민법에서도 이 부분의 분쟁에 대해 법정지상권이나 관습법적, 법적 지상권이란 제도를 마련하여 건축물이 토지소유주의 일방적인 주장으로 인해 철거됨으로써 막대한 사회적 손실이 발생하는 것을 방지하도록 하고 있다.

문서확인번호 1202-0974-7429-0171

고유번호 1168010500-1-0163 0001

구분	성명 또는 명칭	번호(등록)번호
건축주		
설계자		
공사감리자		
현장관리인 (건축주 직영)	건축주 직영	

변동사항

변동일	변동내용 및 원인
1976.09.21	[용도변경] 1층 → 점포(164.95㎡)
1976.09.21	[용도변경] 2층 점포사무실 → 다름용식(258.28㎡)
1976.09.21	[용도변경] 지하1층 → 다름용식(255.47㎡)
1994.08.24	[1] 건축58550-32571 : 1층 → (43.45㎡)
1994.08.24	[1] 건축58550-32571 : 지하1층 → (25㎡)
1994.08.24	[기타사항] 건축58550-32571 : 2층 → 철근콘크리트 증축
1994.08.24	[증축] 건축58550-32571 : 1층 → 철근콘크리트조 증축 계 등

자주종	주차장		승강기	허가일자	1995.03.21
	대		대	착공일자	1995.05.19
	9대	103.5㎡	비상용	사용승인일자	1976.02.28
	대		승용	관련주소	

변동사항 및 원인

변동일	변동내용 및 원인
1994.10.24	[용도변경] 건축58550-33141 : 1층 점포(164.95㎡)사무 → 주차5㎡㎡용(85.97㎡)(빈빈)(X177.03㎡)
1994.10.24	[용도변경] 건축58550-33141 : 2층 점포사무실(198.03㎡)빈빈 → 사무실(198.03㎡) 주요소기 소(X77.01㎡)
1994.10.24	[용도변경] 건축58550-33141 : 지하1층 다름용식(255.47㎡)점포 → 사무(311.35㎡)
1995.12.11	[증축] 건축58550-8088 : 1층 → 철근콘크리트조 세대증(57.71㎡)
1995.12.11	[증축] 건축58550-8088 : 2층 → 철근콘크리트조 세대증(31.35㎡)
1995.12.11	[증축] 건축58550-8088 : 지하1층 철근크(311.6㎡) → 철 근콘크리트 가계사무조(41.08㎡)
2004.12.07	[허가사용 표시] 주차2-16141 : 건사면 12㎡ 증고 (축호)

건축주 등

건축주는 말 그대로 건물소유주를 말하는 것이다. 기타 다른 설계자 등등은 알 것 없다. 단 하나 보고 넘어가야 할 것은 착공일자와 사용승인일자이다. 처음부터 승인을 받아 건물을 지어야 하는 게 원칙이나 지어놓고 사용승인이나 토지 이용에 대한 문제가 결부되는 경우가 많아 우리 민법에서도 이 부분의 분쟁에 대해 법적 지상권이나 관습법적 지상권이란 제도를 마련하여 건축물이 토지소유주의 일방적인 주장으로 인해 철거됨으로써 막대한 사회적 손실이 방생하는 것을 방지하도록 하고 있다.

준공검사를 받지 못해 대장조차 없는 건물도 부지기수다. 꼭 확인해야 한다.

변동사항

일반적으로 변동사항은 중앙을 기준으로 좌측부터 쓰기 시작하여 우측으로 넘어온다. 그래서 건축물이 지어진 다음 어떠한 상황을 거쳐 지금까지 왔는지에 대한 이력이 상세히 나온다. 위법사항이 기재되면 건축물대장 맨 앞장 우측 상단에 붉은 글씨로 '위법건축물'이라고 표시된다. 보통 이런 건물을 매도할 때는 이런 부분을 해소하고 넘겨주어야 하고, 받는 사람도 반드시 이 부분을 짚고 넘어가야 한다. 그렇지 않고 나중에 받고 나서 이 부분을 고쳐줄 것을 통고해봐야 이미 그 부분의 대한 것을 계약 당시 말하지 않았기 때문에 그 하자에 대해서는 인수받은 것으로 보는 경우가 많다. 그래서 부동산중개업자들도 이런 부분은 반드시 체크하고 중개물을 인수해야 하는데, 만약 그렇게 하지 않았다가 중개 대상물의 설명 의무에 대한 위반으로 영업정지등을 당할 수 있다.

토지(임야)대장

토지소유주와 토지의 표시에 관한 사항을 등록한 공적 서류이다. 주로 땅의 면적과 지목, 소유자, 토지의 분할 합병의 역사, 토지등급 등을 알 수 있는 서류이다. 가장 중요한 것이 토지 표시항목 등 토지의 구조를 보는 공적 서류이다. 즉 토지대장을 통해서 정확한 토지의 면적과 소유주의 인적사항을 확인할 수 있다.

여기서 지목이란 24개 종류인데 지역·지구와는 별개로 그 토지의 사용용도를 표시한 것으로 대지는 '대', 논은 '답', 밭은 '전' 등으로 표시된다. 도시계획상 지역이 주거지역이라 하더라도 사용용도가 농지인 경우 '전'으로 표시가 될 수 있다.

면적을 따질 때는 토지대장이 우선 적용된다. 면적, 지목 등 토지 내용에 관한 사항은 토지대장이 우선해 적용되고 소유권에 관한 사항은 등기부가 우선 적용된다는 점이다.

임야대장의 양식은 토지대장과 비슷하나 다른 점이라면 지목이 임야이고, 지번에 '산'이라는 명사가 붙는다는 것이다. 임야대장에 등록한 토지인데 지번 앞에 '산' 자가 없는 토지라면 평평한 토지 위에 있는 산, 즉 토림이다. 이런 땅은 다른 임야와 달리 완만한 경사지에 위치해 나중에 주택을 짓거나 개발하기 쉽다.

토지대장을 열람하면 볼 수 있는 것들에 대해 간단히 알아보자.

고유번호

토지의 일련번호다. (사람의 주민등록번호와 같다.)

토지소재, 지번 : 해당 토지의 주소를 명기해 놓은 부분이다.

축척 : 이 토지의 지적 측량이 어떤 방식으로 했는지 보여주는 것이다. 수

토지 대장

고유번호	1168010500 - 10163 - 0001	도면번호	55	발급번호	20071129-0001-0001			1/4
토지소재	서울특별시 강남구 삼성동	장번호	3-1	처리시각	00시 22분 37초			
지 번		축 척	수치	작성자	인터넷민원			

토지표시

지목	면적(㎡)	사유	변동일자 변동원인	소유자		
				주소		등록번호
(08) 대	893.2	(44)1983년05월16일 분할정정	1983년 07월 14일 신규	강남구서울구청장		
			에정류지	제 2번		450209-1******
(18) 주차장	893.2	(40)2000년09월30일 지목변경	1983년 07월 14일	강남구서울구청장		
			소유구권이전	제 1차 2번		450209-1******
		--- 이하 여백 ---	033초등주관이전	주주구권기준		
			1985년 01월 05일			300520-1******
			033초등주권이전	강남구서울시구청장		
			1985년 10월 11일			300520-1******
			소서주소변경			용도지역 등

등급수정 연월일	1983. 07. 01. 수정	1984. 07. 01. 수정	1985. 07. 01. 수정	1986. 06. 01. 수정	1989. 01. 01. 수정	1990. 01. 01. 수정	1991. 01. 01. 수정	1992. 01. 01. 수정		
토지등급 (기준수확량등급)	79	210	214	215	220	233	239	246		
개별공시지가기준일	2002년 01월 01일	2003년 01월 01일	2004년 01월 01일	2005년 01월 01일	2006년 01월 01일	2007년 01월 01일				
개별공시지가(원/㎡)	3740000	4390000	5510000	5410000	6440000	7490000				

서울특별시 강남구

토지열람대장에 의하여 작성한 등본입니다.

2007년 11월 29일

발 급 용
전자결제
민 원

본 증명서는 인터넷으로 발급되었으며, 전자민원G4C(www.egov.go.kr)의 발급문서확인에서 위·변조 여부를 확인할 수 있습니다. 조사자주소인쇄
위·변조 여부는 발급일로부터 90일까지 가능합니다.

◆ 본 증명서는 인터넷으로 발급되었으며...

치지적으로 했다는 것이다. (이런 것까지 알 필요는 없고, 나중에 면적이 이상해서 다시 측량하고자 할 때 주로 보는 부분이다.)

지목

토지의 이용에 따라 28개의 지목으로 나누어지고 숫자상 가장 큰 숫자로 적혀 있는 것이 현재의 지목이다. 지목이 '대'이면 건물이 있거나 건물을 지을 수 있는 것이고 '주유소'라고 되어 있다면 주유소 용지로 사용 중이라는 것을 의미한다.

하지만 지목이 언제나 정확한 것은 아니다. 만일 지목은 '전'이나 '답'으로 되어 있으나 수용 등으로 인해 토지를 매각할 때 그 위에 집이 있다면 '전' 또는 '답'으로 보지 않고 대지로 보아 보상이 이루어진다.

변동일자, 변동원인

소유권의 변경 및 소유자의 변동사항에 대해 그 일자별로 기록해 놓게 된다. 만일 대장상의 소유자와 등기부등본상의 소유자가 다르다면 당연히 등기부상의 소유자가 우선이다. 그렇기 때문에 반드시 확인해보라고 하는 것이다. 그러나 소유자 명의가 아닌 면적이나 주소와 같은 기타 사항이 등기부와 다르다면 당연히 대장이 우선이다.

토지등급

말 그대로 예전에 토지의 가치를 추정하던 지표였다. 하지만 이제는 더 이상 사용하고 있지 않다. 1996년부터 국세와 지방세의 개별공시지가를 부과하면서부터 토지등급은 더 이상 설정하지 않는다.

문서확인번호 1196-2633-7364-5885

고유번호	1168010600 - 10163 - 0001
표시소재	서울특별시 강남구 삼성동

6 공유지 연명부

지번		주번호	1
		비고	

순번	변동일자 변동원인	소유권지분	소유자 주소	주민번호 세평 또는 명칭
7				
0007	2005년 10월 24일 (04)주소변경	1/2	서울 강남구 삼성동	350128-1****** 표
0008	2005년 10월 24일 (04)주소변경	1/2	서울 강남구 삼성동	351222-2****** 후
			---- 이하 여백 ----	

◆ 본 증명서는 인터넷으로 발급되었으며, 전자민원G4C(www.egov.go.kr)의 발급문서확인메뉴를 통해 문서확인번호를 입력하여 위·변조 여부를 확인해 주십시오. 다만, 문서확인번호를 통한 확인은 발급일로부터 90일까지 가능하며, 위·변조 여부를 확인하여 주십시오. 다만, 문서확인번호를 통한 확인은 발급일로부터 90일까지 가능하므로 문서하단의 바코드로 내용의 위·변조 여부를 확인해 주십시오. 또는 문서하단의 바코드로 내용으로 확인하실 수 있습니다.

개별공시지가

2002년 지적법령의 개정으로 대장에 등록사항으로 추가되었으며 수용 등에 지표로 사용된다.

공유지 연명부

만일 토지대장에 소유자가 2명 이상이라면 공유지 연명부라는 것이 따로 만들어진다. 공유지 연명부란 말 그대로 공동소유의 명의자만을 따로 분리해서 정리해놓은 공부(공적장부)라는 뜻이다. 아래에 있는 것이 공유지 연명부이다.

순번과 소유권지분

순번은 말 그대로 그동안의 공유자가 어떻게 변화해왔고 지금의 공동소유자가 몇 번째로 등재되었는지를 말해주는 것이다. 별로 큰 의미는 없다. 소유권지분은 이제 이 토지에 대한 지분이 공유자 간에 얼마로 정해져 있는지 나와 있는 것이다. 일반적으로 특정한 내역이 없다면 소유권자의 수만큼 균등적으로 지분을 나누어 가지게 된다.

지적(임야)도

지적법에 의해 땅의 경계선 등 사실관계를 공시하는 공적서류를 말한다. 우리나라 약 3,000만 필지는 모두 각각의 지적도를 가지고 있다. 이때 지목이 임야인 경우에는 '임야도'라 부른다. 지자체에서 발급하는 지적도에는 기본적으로 지번, 축적, 경계선 등이 표기된다. 기본적으로 지적도를 이해하고, 지적도를 통해 현장을 분석하는 안목을 가지는 것이 중요하다.

해당 토지의 실제 경계와 지적도상의 경계선과 일치 여부와 현황도로가 지적도상의 도로와 정확히 일치하는지 여부도 필수 확인사항이다. 만약 일치하지 않는다면 지적공사 등에 측량을 통해 이를 바로 잡아야 한다. 지적도를 볼 때는 땅의 모양과 도로에 접해 있는지 그리고 맹지 또는 합병·분할해야 하는 땅인지를 확인하고 주변에는 어떤 용도의 토지가 있는지 확인해야 한다.

개발지나 택지지구 주변 토지를 볼 때는 관공서 인근에 위치한 지도판매점을 방문해 도시계획도면, 지적, 임야도나 개발지 위치도를 구입해 예정 개발계획을 직접 확인해봐야 한다. 사기꾼 같은 기획부동산업체가 지적도를 임의대로 변조하는 사례도 있으므로 예정지 표시가 그려진 지도는 관공서에서 제작 발급한 지도와 대조 확인해야 거래 사기를 피해나갈 수 있다. 미래 개발정보의 보고인 지도만 꼼꼼하게 살펴도 투자의 감을 잡을 수 있다.

'지적공부'란 지적대장과 지적도면으로 구분하여 생각할 수 있다. 지적대장은 토지대장, 임야대장, 공유지 연명부, 대지권등록부 등을 말하고, 지적도면은 지적도, 임야도를 말한다. 이외에도 경계점좌표등록부가 지적공부에 포함된다.

토지대장과 지적도에는 토지조사사업에서 조사 대상으로 한 토지가, 임야대장과 임야도에는 임야조사사업의 조사 대상으로 한 토지가, 한 필지의 토지를 2인 이상이 공동으로 소유하고 있는 공유 토지는 공유지 연명부에, 집합 건물을 구분 소유 단위로 대지권 표시의 등기를 한 공유 토지는 대지권등록부에, 도시개발사업 등이 완료됨에 따라 지적 확정측량(지적공부에 토지의 표시를 새로이 등록하기 위한 측량)을 수치측량 방법으로 하여 등록한 토지는 경계점좌표등록부에 각각 등록되어 있다.

토지, 임야대장의 등록사항

① 토지의 소재

② 지번(토지에 붙이는 번호)

③ 지목

④ 면적

⑤ 소유자의 성명 또는 명칭, 주소, 주민등록번호

⑥ 토지의 고유번호

⑦ 도면번호, 필지별 대장의 장 번호와 축척

⑧ 토지의 이동 사유

⑨ 토지 소유주가 변경된 날과 그 원인

⑩ 토지등급 또는 기준 수확량 등급과 그 설정, 수정 연월일

⑪ 개별 공시지가와 그 기준일

⑫ 용도지역

지적도(임야도)

지적도면이란 토지의 경계를 그림으로 관리하는 도면을 말하고 지적도와 임야도로 구분된다. 지적도에는 임야 이외의 토지를 등록하고, 임야도에는 지목 중 임야만을 등록한다.

지적도면의 등록사항

① 토지의 소재

② 지번

③ 지목

④ 경계

⑤ 도면의 색인도

⑥ 도면의 제명과 축척

⑦ 경계점간 거리

⑧ 지적 측량 기준점

⑨ 수치 측량 지역 등이 있다.

지적도의 축척은 1/500, 1/600, 1/1000, 1/1200, 1/2400 등 다섯 가지가 있는데, 1/1200 축척 지적도가 가장 일반적이다. 임야도의 축척은 1/300, 1/6000 두 가지가 있는데, 일반적으로 1/6000 축척 임야도가 가장 많이 활용된다.

토지이용계획확인서

해당 토지의 공법상 제한에 따라 현재 활용도를 지정한 서류로서 부동산의 현재 가치를 나타내는 중요한 서류이다. 부동산을 구입하거나 건축할 때 반드시 사전에 이에 관한 사항을 확인해야 한다. 내용에는 토지에 건축할 수 있는 건물의 용도 및 규모를 결정해 놓은 지역, 지구, 구역 등 도시계획사항이 표시되어 있어 토지에 대한 허용 및 제한사항을 알 수가 있다.

부동산을 매입할 때 해당 토지에 적용되어 있는 도시계획 사항이나 국토이용계획사항 등을 확인하고 해당 토지가 군사시설인지, 농림인지, 산림인지, 토지거래허가구역 내의 토지인지 확인 후 투자목적과 용도에 맞는지 검

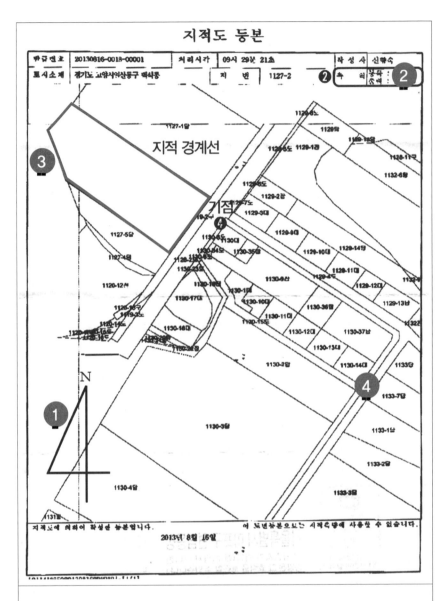

지적도 등본

| 발급번호 | 20130816-0018-00001 | 처리시각 | 09시 29분 21초 | 작성자 | 신향숙 |

토지소재 : 경기도 고양시 일산동구 백석동

지 번 : 1127-2

❷

축 척 : 1/1200

지적 경계선

❸

기점 ❹

N

❶

❹

❶ 방위 : 지적도의 상단이 북쪽에 해당한다. 나침반을 활용해 지적도상의 위치와 실제위치를 일치시킨다.

❷ 축적 : 1200분의 1 축적에서 1cm는 실제 12m에 해당한다. 이를 토대로 현장에서 실제거리를 대략 계산해 볼 수 있다.

❸ 지적경계선 : 이 경우 밭둑이 지적경계선이 된다. 현장의 땅 경계와 지적도상의 경계를 일치시켜 최종적으로 땅의 위치를 파악해 낸다.

❹ 기점 : 기점이란 답사대상 토지를 찾아내는 데 기준이 되는 자연물을 말한다. 대개 도로와 하천 등이 기점이 된다. 이 지적도에서는 구거(하천)를 기점으로 삼아 지적도와 현상을 맞춰보면 된다.

토한다. 주의할 점은 이 서류가 해당 토지에 영향을 주는 여러 법령상의 제한사항을 망라한 것이지만 세세한 제한사항이 기재돼 있지 않고 기입 내용만으로는 지상에 어떤 건물을 건축할 수 있는지 알 수 없다.

따라서 발급받은 서류에 한 가지라도 해당 내용이 기재되어 있다면 관련 공무원에게 문의해야 한다. 건축을 목적으로 하는 경우 해당 지자체 건축과를 찾아 제한 내용에 대해 문의를 해야 한다.

실제로 필자가 경험한 바로는 거래 계약 직후에 토지의 용도가 갑자기 바뀐 경우도 있었다. 계약 당시에는 관리지역 임야로 준보전산지였으나 잔금 지불 전에 발급받아 보니 용도지역에 일부 관리, 농림, 산림 조항에 일부 보전산지, 준보전산지로 바뀌어 기재돼 있었다. 지자체가 도시계획, 비도시 관리지역 세분화 등 작업으로 수정하는 과정에 이런 일이 벌어지기도 한다. 수도권, 광역시와 인접 시·군에서 부동산 거래를 할 때는 늘 유의해야 한다.

토지가 소재하고 있는 관할 시·군·구청 민원실에 가면 누구나 '토지이용계획확인서'를 발급 받을 수 있다. 이때 신청인은 해당 토지의 소재지와 지번을 정확하게 알고 있어야 한다. 토지이용계획확인서에는 국토이용계획상의 용도지역, 용도지구에 대한 사항을 확인할 수 있고 현재 해당 토지에 개발계획 등이 수립되어 있는지를 알 수 있다. 만일 도시계획이 수립되어 있는 토지라면 도시계획상 용도지역, 용도지구, 도시계획시설, 도시계획 입안사항 등에 대해 토지이용계획확인서에 꼼꼼하게 기재되어 있게 마련이다. 그리고 해당 토지가 군사시설인지, 농지인지, 산림인지, 토지거래허가구역 내의 토지인지에 대해 상세하게 기록하고 있다.

토지이용계획확인서를 발급받아 기재 내용에 의문이 있는 경우에는 지적과 등 해당 관련부서를 방문하여 토지사용이나 건축규제 등에 관해 문의를 하면 좀 더 쉽게 이해할 수 있다. 다만 주의할 점은 토지이용계획확인서가 해당 토지에 영향을 주는 여러 가지 법령상의 제한사항을 망라한 것이지만 모든 제한사항이 기재되어 있는 것은 아니라는 점이다.

토지대장, 개별공시지가확인서, 건축물대장, 토지이용계획확인서, 지적도등본, 경계점좌표등록부 등 토지 관련 민원서류 6종을 인터넷을 통해 발급하고 있다.(전자정부 G4C에서도 열람 및 발급가능)

개별공시지가확인서

대상 토지의 가격 기준년도의 ㎡당 가격이 기재된 서류로서 토지거래에서 땅값의 기준이 된다. 시가의 통상 70~80% 수준이나 지역 또는 종목에 따라 시세에 근접하거나 들쭉날쭉해 변동이 심하다. 공시지가를 100% 신뢰하는 것은 금물이며, 주변 시세와 비교 검토하고 특히, 지방일 경우 더욱 조심해야 한다.

부동산 서류는 투자자 본인이 직접 서류를 발급 받아 확인해보는 것이 좋다. 매도자나 중개업자가 건네는 묵은(?) 서류 속에는 감추고 싶은 하자나 비밀이 숨어 있을 수 있다. 한 장의 서류에 담긴 행간을 잘 살피다보면 투자의 위험관리뿐 아니라 미래 개발가치와 투자성을 읽어낼 수 있는 안목이 생기게 된다.

주인이 자주 바뀌거나 분할, 합병이 자주 있었던 토지, 미확정된 개발예정지역 내 부동산을 구입할 때는 반드시 관할 지자체를 찾아가 개발계획을 확인한 후 투자를 결정하는 것이 필요하다.

서류 내용이 애매하거나 모르는 내용은 매도자의 말에 기대기보다는 담당 공무원에게 직접 확인하는 것이 최선이다. 부동산에 돈을 묻을 때는 투자성과 발전성을 따지기 전에 미리 공적장부를 통해 부동산의 가치를 파악하는 기본지식부터 쌓는 것이 필요하다.

지금부터 개별공시지가확인서를 살펴보도록 하겠다.

개별공시지가란 '부동산 가격공시 및 감정평가에 관한 법률'에 근거한 부동산 용어로 공시지가로 산정한 개별 토지의 단위면적(㎡) 당 가격을 말한다. 개별공시지가는 공시지가에서 국토교통부장관이 개발·공급한 '토지가격비준표'상의 토지 특성의 차이에 따른 가격 배율을 곱하여 산정한 후, 토지소유주 등의 의견을 수렴하고 시·군·구 토지평가위원회의 심의를 거쳐 시장·군수·구청장이 결정·공시하는 지가를 말한다. 이때 실시하는 토지의 특성 조사는 주거용, 상업용, 공업용 등 토지의 용도와 도로 조건 및 공적 규제 등을 조사하는 것을 말한다.

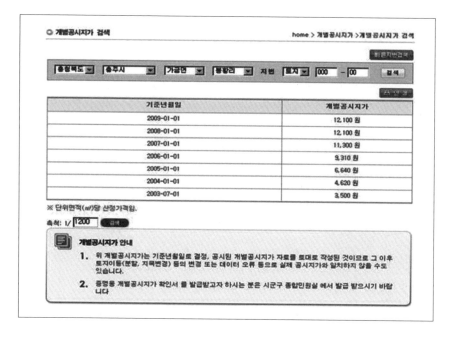

표준지로 선정된 토지에 대해서는 해당 토지의 공시지가를 개별공시지가로 본다. 만일 개별공시지가에 대하여 이의가 있는 자는 개별공시지가의

개별공시지가 확인서				처리기간	
				즉시	

신청인	성명(법인)		주민등록번호 (사업자등록번호)	
	주 소			(전화번호 :)
용 도:				

신청대상토지			확인내용	
가격기준연도 (기준일)	토지소재지	지번	개별공시지가 (원/㎡)	비 고

지가공시 및 토지 등의 평가에 관한 법률시행규칙 제 4 조의 6 의 규정에 의하여 귀하의 신청에 대한 개별공시지가를 위와 같이 확인합니다. 년 월 일 시장 군수 구청장	수수
	시 · 군 · 구의 조례에 의함.

결정·공시일로부터 30일 이내에 서면으로 시장·군수·구청장에게 이의를 신청할 수 있다.

한편 개별공시지가확인서에 표기된 개별공시지가는 서울을 포함한 수도권의 경우 시세에 비교적 근접해 있으나 지방 토지의 경우에는 아직도 시세의 절반에도 못 미치는 곳이 상당하다.

개별공시지가확인서는 인터넷을 통해 해당 지자체 홈페이지나 한국토지정보시스템 홈페이지를 접속하면 언제든 무료로 구할 수 있다. 다만 증명용 개별공시지가확인서는 시·군·구청 종합민원실에서 발급받아야 한다.

Chapter 2

도시계획시설에 주목하라

도시계획시설 투자에서 주의할 점

'도시계획시설'은 도로, 공원, 학교 등과 같이 도시를 만드는 데 필요한 기반시설을 말한다. 이들 기반시설 설치계획은 용도지역 등의 지정과 마찬 가지로 도시관리계획으로 결정한다. 토지이용계획 확인서 1번 '도시관리계 획' 중 '도시계획시설' 난에서 확인할 수 있다.

도시계획시설부지로 지정된 땅은 일단 피한다. 이 도시계획시설이 들어 설 예정인 땅이 '도시계획시설부지'인데, 도시개발이 이루어지면서 정부나 지자체가 이들 땅을 수용하여 도시계획시설을 설치할 목적으로 도시계획시 설부지로 지정한다. 따라서 토지소유주 입장에서 도시계획시설부지로 지 정되면 재산권 행사가 제한되는 등의 피해를 입게 된다.

현재 전국의 도시계획시설 부지는 약 10억 평 규모로 어마어마하다. 그 만큼 많은 사람들이 재산권 행사를 못하고 있는 셈이다. 문제는 전체 도시 계획시설 면적 중 '장기 미집행 도시계획시설' 면적이 상당 부분을 차지한 다는 것이다. '장기 미집행 도시계획시설부지'는 도로, 공원, 광장 등 도시 계획시설로 편입시켜 놓고 10년 이상 그 시설로 활용하지 않는 토지를 말한다. 이로 인한 피해를 줄이기 위해 국토계획법은 토지소유주가 장기미집행 도시계획시설 부지에 해당하는 자기 땅을 해당 시·군에서 매입할 수 있도록 하는 '매수청구권'을 부여하고 있다.

이 경우 해당 지자체는 청구를 받은 날로부터 2년 이내에 매수 여부를 결정하여 토지소유주에게 통보해야 하며, 통보한 날로부터 2년 이내에 매수해야 한다. 그리고 도시계획시설로 결정·고시한 후 20년이 넘도록 실시계획이 인가되지 않는 시설에 대해서는 도시계획시설의 효력이 상실되어 도시계획시설에서 해제된다.

땅 주인이 해당 시·군에 매수청구권을 행사했는데도 매수하지 않으면 3층 이하의 단독주택이나 3층 이하의 제1종 근린생활시설을 지을 수 있다.

하지만 만일 주변 땅이 상업지역이거나 아파트로 둘러싸인 지역일 경우 이로 인해 토지소유주가 갖게 되는 상대적 피해는 크다. 따라서 도시계획시설부지로 지정된 땅은 일단 투자 대상에서 제외시키는 것이 바람직하다.

도시계획시설의 종류

① 기반시설(세부시설) : 교통시설(도로, 철도, 항만, 공항, 주차장, 자동차 정류장, 궤도, 삭도, 운하, 자동차 및 건설기계 검사시설, 자동차 및 건설기계운전학원)

② 공간시설 : 광장, 공원, 녹지, 유원지, 공공용지

③ 유통·공급시설 : 유통업무설비, 수도공급설비, 전기공급설비, 가스공급설비, 열공급설비, 방송통신시설, 공동구, 시장, 유류저장 및 송유설비

④ 공공·문화체육시설 : 학교, 운동장, 공공청사, 문화시설, 체육시설, 연구시설, 공공직업훈련시설, 도서관, 사회복지시설, 청소년수련시설

⑤ 방재시설 : 하천, 유수지, 저수지, 방화설비, 방풍설비, 방수설비, 사방

설비, 방조설비

⑥ 보건위생시설 : 화장장, 공동묘지, 납골시설, 도축장, 장례식장, 종합
의료시설

⑦ 환경기초시설 : 하수도, 폐기물처리시설, 수질오염방지시설, 폐차장

오히려 기회가 될 수도 있다

일반적인 통념과는 달리 오히려 이들 장기미집행 도시계획시설을 눈여
겨보는 경우도 있다. 이는 두 가지 이유에서다. 우선 장기미집행 도시계획
시설을 매수 신청하여 받아들여지면 보상평가기준으로 당해 도로나 공원
이 아닌 주변의 상태로 평가를 받으므로 실제 거래가격보다 훨씬 많은 시세
차익을 얻을 수도 있기 때문이다.

지주는 지주대로 십 년 이상을 보유하면서 제때 처분하지 못하는 등의 피
해를 겪은 터라 이를 하루라도 빨리 처분하고 싶어 할 것이기 때문에 잘만
하면 매입에 따른 가격 협상도 유리하게 진행할 수 있다. 장기미집행 도시
계획시설은 가격이 별도로 형성되어 있지 않기 때문에 이들 지역이 해제될
경우 그 시세는 주변 토지의 가격에 의해 연동될 가능성이 높다. 따라서 주
변에 높은 가격으로 평가 받을 수 있는 토지가 형성되어 있는 곳이 좋다. 예
를 들어 상업지역, 주거지역 등이 그것이다.

장기미집행 도시계획시설에서 해제되는 곳의 주변 지역에도 관심을 기
울여 볼 필요가 있다. 이 경우 매수신청을 받기 훨씬 이전부터 이러한 움직
임을 포착할 수 있는 징후들이 나타난다. 예를 들어 토지조서, 물건조서 등
을 작성하러 다니는 공무원들이나 측량 기사들의 측량 작업이 그것이다.

특히 도로가 새로 나거나 확장되는 경우, 새 도로가 설치되는 이년에 있

던 땅이 금싸라기 땅으로 변모하는 과정을 우리는 심심찮게 목격할 수 있다. 이러한 정보를 선점하여 투자할 경우 많은 투자수익을 올릴 수 있다. 또한 만일 해당 지자체로부터의 매수신청이 받아들여지지 않는 땅이라면 이 역시 관심을 기울일 필요가 있다.

왜냐하면 이는 해당 지자체에서 그 시설을 폐기하겠다는 의미로, 다시 말해 도로나 공원 등의 도시계획시설로 만들 필요가 없어졌다는 뜻이기 때문이다. 이들 지역이 시설부지에서 해제될 경우 이는 곧이어 어떤 용도로든 지정될 것이므로 이를 잘 분석해보면 의외의 성과를 얻을 수 있다.

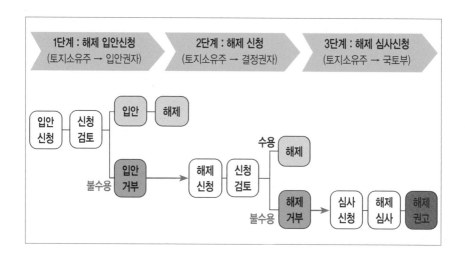

Chapter 3.
농지에 투자하기

도시인의 농지투자

'국토의 계획 및 이용에 관한 법률'에서 땅은 크게 도시지역, 농림지역, 관리지역, 자연환경보전지역 등 네 개의 용도지역으로 구분해놓고 있다. 이들 땅들은 나름대로 정해진 속성에 따라 또는 정해진 주인에 의해 이용되거나 개발되어야 하고 다른 용도로 이용될 때는 까다로운 허가절차를 거쳐야하며, 그렇지 않을 때는 제재를 받게 된다. 예를 들어 농민이 아닌 도시인이 농지를 매입하고자 하면 제재를 받는다. 그래서 농지를 취득할 때는 농지취득증명을 받아야 한다.

농지취득증명은 해당 면소재지의 농지위원 두 사람이 "이 사람은 농사를 지을 사람이라고 확인해 주는 것"이다. 증명을 받기 위해서는 '일 년에 30일 이상 농사를 짓지 않으면 강제로 매수를 해도 이의를 제기하지 않겠다.'는 내용을 농지매매취득신청서에 서명날인해야 한다.

지적법상 땅들은 한 필지마다 나름대로의 지목을 갖게 돼 있다. 지목은 그 땅의 쓰임, 즉 용도를 말한다. 앞서 설명한 도시지역이나 농림지역 등을 다른 지역으로 바꾸기는 매우 어렵지만 지목은 특수한 경우를 제외하고는 변경이 비교적 쉽다. 그래서 전원주택을 지을 경우 대지를 구할 수 없을 때는 관리지역(예전의 준농림지역)의 전이나 답, 임야 등을 구입해 대지로 변경하여 집을 짓는 경우가 일반화돼 있으며, 농민은 1가구 1주택에 한해 농림지역에서도 농가주택을 지을 수 있다. 한마디로 농민일 경우에는 농가주택에 한해 어떤 땅이든 집을 지을 수 있다고 보면 된다. 주의할 점은 외지인이 농지를 구입할 경우 303평 이상을 매입해야만 농사를 짓는 것으로 인정받아 소유권이전등기를 할 수 있다는 것이다.

만약 땅을 새로 구입해 전원주택을 짓고자 한다면 땅을 구입하기 전에 서류에 대해 더욱 잘 챙겨보아야 한다. 필히 확인해야 할 사항은 토지이용계획확인서, 지적도, 토지대장 등이다. 이들 서류를 확인하고 의심나는 사항이 있으면 관계공무원이나 부동산 전문가 등과 상담을 해야 하며, 서류상 문제가 없는 땅이라 하더라도 현장에 직접 가보고 자신의 눈으로 확인해야 실수가 없다.

농지취득등명서 발급신청
▶ 농사를 계속 지을 사람인지 아닌지를 구분하기 위한 증명서
▶ 위탁을 하거나 경영만 하려는 사람에게는 발급하지 않음
▶ 이 증명서를 첨부하지 않으면 농지를 구입했어도 등기가 되지 않음
▶ 농지취득증명서는 읍 · 면사무소에서 신청 · 발급을 받음

제출서류
▶ 농지취득자격증명신청서, 농업경영계획서
▶ 주민등록등본, 법인등기부등본(법인)
▶ 농지원부등본(농지의 소재지와 거주지가 다른 경우), 농지취득인증서(해당자)
▶ 일반 소유상환초과농지 소유 인정서(해당자)

농지법에서 정한 '농민' 이란?

① 303평(1,000㎡) 이상의 농지에 농작물 또는 다년생식물을 경작 또는 재

배하거나 1년 중 90일 이상 농사에 종사하는 자.

② 농지에 100평 이상의 고정식 온실, 버섯재배사. 비닐하우스 등 농업 생산에 필요한 시설을 설치하여 농작물 또는 다년생식물을 경작 또는 재배하는 자.

③ 대가축 2두, 중가축 10두, 소가축 100두, 가금 1,000수 또는 꿀벌 10 군 이상을 사육하거나 1년 중 120일 이상 축산업에 종사하는 자.

용도지역에 따른 농지투자

① 관리지역

도시지역의 인구와 산업을 수요하기 위해 도시지역에 준해 체계적으로 관리하거나 농림업의 진흥, 자연환경 또는 산림의 보전을 유해 농림지역 또는 자연환경보전지역에 준해 관리가 필요한 지역이다. 전원주택이나 펜션 등은 일반적으로 여기에 해당되는 땅을 전용이나 형질변경을 통해 짓게 된다.

관리지역 허용행위 비교표

구분	보전 관리지역	생산 관리지역	계획 관리지역
허용용도	단독주택 제 1 종근린생활시설 (휴게음식점 제외) 제2종 근린생활시설 중 일부 (일반음식점 및 단란주점 제외) 문화 및 집회시설 중 종교집회 장 의료시설 창고시설(농업, 임 업, 축산업, 수산업용에 한함) 위험물 저장 및 처리시설 동물 및 식물 관련 시설 중 일부 그 외 다수	단독주택 공동주택(아파트 제외) 제1종 근린시설 중 일부 제2종 근린시설 중 일부(일반음 식점 및 단란주점 제외) 창고시설(농업, 임업, 축산업, 수 산업용에 한함) 위험물 저장 및 처리시설 동물 및 식물 관련 시설 중 일 부 공장 중 일부(도정공장,식품 공장과 읍면 지역의 제조업공장 중 일부), 그 외 다수	단독주택 공동주택 제1종 근린생활시설 제2종 근린생활시설 창고시설 위험물 저장 및 처리시설 동물 및 식물 관련 시설 중 일부 공장 중 일부(부지면적이 1 만 ㎡ 이상인 것 등) 숙박시설(면적 합계660 ㎡ 이하 3 층 이하에 한함) 그 외 다수
제2종 지구단위계획	제안 불가능	제안 불가능	제안 가능
건폐율/용적률	20% / 80%	20% / 80%	20% / 100%

1. 보전관리지역 : 자연환경보호, 산림보호, 수질오염방지, 녹지공간 확보 및 생태계 보전 등을 위하여 보전이 필요하나, 주변 용도지역과의 관계 등을 고려할 때 자연환경보전지역으로 지정하여 관리하기가 곤란한 지역이다.

2. 생산관리지역 : 농업·임업·어업생산 등을 위하여 관리가 필요하나, 주변 용도지역과의 관계 등을 고려할 때 농림지역으로 지정하여 관리하기가 곤란한 지역이다.

3. 계획관리지역 : 도시지역으로의 편입이 예상되는 지역 또는 자연환경을 고려하여 제한적인 이용·개발을 하려는 지역으로서 계획적·체계적인 관리가 필요한 지역이다.

② 농림지역

도시지역에 속하지 않는 농지법에 의한 농업진흥지역 또는 산림법에 의한 보전임지 등으로 농림업의 진흥과 산림의 보전을 위해 필요한 지역이다. 이들 지역에서는 주택 신축에 상당한 제재를 받는다. 우선 토지 소재지로 주소를 이전하여 현지인이 되어야 하며 농지원부를 만들어 농업인이 되면 농가주택은 가능하지만 무주택자라야 한다.

③ 자연환경보전지역

자연환경, 수자원, 해안, 생태계, 상수원 및 문화재의 보전과 수산자연의 보호 육성 등을 위해 필요한 지역이다. 자연환경보전지역의 대지에는 집을 지을 수 있으나 전용은 거의 불가능하다. 단독적으로는 농가주택이나 복지시설, 농업시설 등은 쉽게 지을 수 있어도 규제가 까다롭다. 지목이 대지라 하더라도 음식점·숙박업소 설치가 원칙적으로 금지된다. 다만 수질오염이나 경관훼손 염려가 없고 지목이 대지인 경우에 한해 시·군·구 조례에 의해 다양한 적용을 하고 있으므로 해당 시·군청의 확인이 필요한 지역이다.

공원보호구역의 경우에는 집을 지을 수 없다고 보면 된다.

④ 밭은 논보다, 임야는 농지보다 전용이 수월하다.

관리지역의 농지를 구입해 전용한 후 전원주택을 짓는 것이 신축 전원주택의 일반적인 유형이다. 지목이 전(밭)인 경우 답(논)보다 전용하기가 쉽다. 정책적으로 우량농지는 규제하는 방향으로 가고 농사를 짓기 적당치 않은 농지나 임야는 완화하는 추세이므로 관리지역 중에서도 농지보다 임야가 전원주택을 짓는 데 유리하다.

도시인의 농지투자 유의점

농지는 취득목적대로 이용해야 한다. 최근 우리나라는 여러 나라와 FTA를 체결했는데, 이로 인해 농축산물이 수입되어 농지의 활용도가 종래에 비해 떨어지게 되었다. 이에 따라서 정부는 이를 막기 위해 농지법을 수차례에 걸쳐 개정해왔는데, 우선 농지 소유상한제를 없애 영농활동의 대형화를 유도했고, 외지인도 주말농장용으로 농지를 취득할 수 있도록 했다.

따라서 농지를 취득할 때는 그 취득 목적을 명확히 해야 하고, 일단 취득했으면 취득 목적대로 이용해야 한다. 농지를 취득 목적대로 활용하지 않으면 처분명령을 받고, 이를 팔 때는 양도소득세가 중과된다. 하지만 농지은행에 5년 이상 임대 위탁할 경우에는 처분명령을 하지 않는다. 또한 8년 이상 임대위탁하면 양도소득세를 중과하지 않고 일반세율에 따라 과세한다. 나아가 설령 처분명령을 받았더라도 농지은행에 농지매도를 위탁해 협의 중이면 3년간 처분명령과 이행감금을 유예 받는 장점이 있다.

농지에 대해서는 종합부동산세를 부과하지 않는다. 농지 소재지에서 자경하든, 외지에 거주하면서 때때로 손을 보든, 심지어는 임대를 준 경우든

관계없이 농지에 대해서는 종합부동산세를 부과하지 않는다. 만약에 경제 상황이 호전되면 이 제도로 인해 현재의 침체된 토지 시장이 활성화될 것으로 보인다.

2018 개정 양도소득세율표

구분	과세표준액(원)		기본세율	누진공제액	적용시점
등기 후 2년 이상 보유시	1,200만 원 이하		6%	0	2014. 01. 01
	1,200만 원 초과~4,600만 원 이하		15%	108만원	
	4,600만 원 초과 8,800만 원 이하		24%	522만원	
	8,800만 원 초과~1억 5,000만 원 이하		35%	1,490만 원	
	1억 5,000만 원 초과 3억 이하		38%	1,940만 원	2018. 01. 01 (조정 및 신설)
	3억 초과~5억 이하		40%	2,540만 원	
	5억 초과		42%	3,540만 원	
조정대상지역 (조합원 입주권 포함)	1세대 2주택	위 기본 세율 + 10%		장기보유 특별공제 배제	2018. 04. 01 (신설)
	1세대 3주택 이상	위 기본 세율 + 10%			
	아파트 분양권 전매	보유기간 관계없이 50%			
단기보유	1년 미만 주택, 조합원 입주권		40%	조정대상지역 10% 추가과세	2014. 01. 01
	2년 미만 주택		6~42%		
일반부동산	미등기양도 = 70% 1년 미만 = 50%, 2년 미만 = 40%			장기보유특별공제 배제	
비사업용 토지	기본세율 + 10%(2016. 01. 01부터) = 16~52% 적용			장기보유특별공제 배제 2017. 01. 01	
조정대상지역 2017. 08. 02 기준	서울특별시	전지역			
	부산광역시	해운대구, 연제구, 동래구, 남구, 부산진구, 수영구, 기장군			
	경기도	과천시, 광명시, 성남시, 고양시, 남양주시, 하남시. 화성시(반송동, 석우동, 동탄면, 금곡리, 목리, 방교리, 산척리, 송리, 신리, 연천리, 오산시, 장지리, 중리, 청계리 일원에 지정된 택지개발지구로 한정한다.)			
	기타	「신 행정수도 후속대책을 위한 연기 공주지역 행정중심복합도시 건설을 위한 특별법」 제2조 제2호에 따른 예정지역			

어느 정도의 농지를 매입할 수 있을까?

농지를 매입하는 입장에서 가장 관심 있는 부분은 '내가 과연 어느 정도 면적을 매입할 수 있는가?' 하는 문제이다. 헌법과 농지법은 경자유전耕者有田의 원칙을 규정하고 있으므로 농업인이 아니면 원칙적으로 농지의 소유를 금하고 있다. 일반인 중에서는 취득하려는 농지 면적이 최소한 1천㎡(약 303평) 이상이어야 하는 것으로 알고 있는 경우가 많지만 반드시 그런 것은 아니다. 농지를 매입할 수 있는 면적은 기존에 농사를 짓고 있는 농업인인지, 아니면 처음 농사를 지으려고 하는 사람인지에 따라 다르다. 주말·체험농장용으로 취득하려는 경우에도 그 면적이 다르다.

기존에 영농활동을 하던 사람이 농사를 더 짓기 위해 추가로 농지를 취득하는 경우에는 취득하는 면적이 얼마인지 중요하지 않다. 10㎡도 가능하고, 1만 ㎡도 가능하다. 농지법은 농업인이 능력만 되면 제한 없이 농지를 소유할 수 있도록 농지 소유 상한제를 폐지했다. 이 경우 농업인은 농지원부를 자신이 농업인임을 증명해야 한다. 문제는 처음으로 농업경영을 위해 농지를 취득하는 경우이다.

외지인이 농업인이 되기 위해 처음 농지를 매입하고자 할 때는 그 면적이 최소한 1000㎡ (약 303평) 이상이어야 하는 것이 원칙이다. 다만 전에는 자신이 매입하는 면적 전체가 반드시 1000㎡ 이상이어야 했으나 현재는 농지법이 개정되어 1000㎡ 전부를 매입할 필요는 없고, 자신이 매입한 부분과 다른 사람의 농지를 임차해 합한 면적이 1000㎡ 이상이면 된다. 이 경우 농지 취득자격증명을 신청할 때 부족한 면적은 다른 사람의 농지를 빌려 사용한다는 농지임대차계약서 또는 농지사용대차계약서를 첨부하면 된다.

그런데 실제로 농업인이 되고자 다른 사람 농지 일부를 임차해 1000㎡를 맞춘다는 것은 그리 쉬운 일이 아니다. 이것이 가능하려면 그 지역에 농지를 합법적으로 임대할 수 있는 자격이 있는 사람이어야 한다. 예를 들어 농사를 짓다 군에 입대를 한 사람의 농지를 빌린다든지, 아니면 상속받은 사람이 농사를 짓지 않는 경우 그 농지를 빌려야 한다. 아니면 1996년 1월 1일 이전에 농지를 취측해 농사를 짓던 사람의 농지라도 좋다. 이 같은 경우가 아니면 외지인이 농지를 취득할 때는 기본적으로 1000㎡ 이상이어야 한다고 알아두면 된다.

다만 외지인이 1000㎡가 안 되는 농지를 취득해 농업인이 될 수 있는 경우가 있다. 농사 중에서도 고정식 온실, 버섯재배사, 비닐하우스와 같이 주로 특용작물을 재배하기 위해 일정한 시설을 설치할 경우에는 그 시설부지 면적이 330㎡(약 100평) 이상이 되게끔 면적을 확보하면 된다. 이 경우에는 농지취득자격증명 신청시 첨부하는 농업경영계획서에 이 시설을 설치해 농사를 짓겠다는 내용을 기재해야 한다.

또 하나 외지인이 주말 등을 이용해 취미 또는 여가활동으로 농작물을 경작하거나 다년생식물을 재배하는 소위 주말·체험영농을 하고자 하는 경우에는 앞에 설명한 면적기준과 다른 기준이 적용된다. 주말·체험용으로 농지를 취득할 경우 취득할 수 있는 농지 면적은 1000㎡(약 303평) 미만으로 한정되어 있다. 303평 미만의 밭이 매물로 나왔다면(1000㎡가 안 되므로) 농사를 전문적으로 짓기 위해서는 취득할 수 없고, 주말·체험용으로 취득할 수 있다는 의미이다. 여기서 1000㎡라고 함은 전 세대원이 소유한 면적을 기준으로 한 것이다. 따라서 남편이 이미 600㎡의 농지를 소유하고 있다면 부인은 400㎡를 넘게 매입할 수 없다.

농지에 투자하면 돈을 벌 수 있을까?

농지는 농사짓는 사람들을 위한 토지인데 과연 투자대상으로 도시에 사는 사람들이 소유할 수 있는가? 또한, 만약에 투자하게 된다면 수익을 창출할 수는 있는 것인가?

부동산투자자들은 일반적으로 부동산이라고 하면 아파트 등과 같은 주거용 부동산을 생각하게 된다. 반면 토지, 그 중에서도 농지라고 하면 상당한 수준의 지식과 경험이 없으면 "사기당하기 딱 좋다." 라고 생각한다. 특히 '농지투자는 아무나 못 한다.'라는 생각을 가진 이들이 많은 것이 현실이다. 사실 관련 법령 등으로 인하여 어려운 부분이 있는 것도 사실이지만, 농지와 관련한 부동산 사기가 상당히 많았던 것 또한 농지투자를 꺼리게 된 중요한 이유가 아닐까 생각한다.

현실에서는 토지투자로 재테크에 성공한 사람들의 이야기를 어렵지 않게 들을 수 있다. 그 중에서도 농지와 관련한 투자성공담이 적지 않다. 그렇다면 서울이나 도시사람들이 농지에 투자할 수 있는 것인가?

그렇다. 농지에 투자하면 돈을 벌 수 있을까? 그렇다. 다만 다양한 관련 지식의 함양은 필수적이며, 경험이 풍부한 조언자를 가까이 하는 것이 성공의 가능성을 높여줄 것이다.

우선 농지는 농사를 지을 사람만이 구입할 수 있다. 그럼 도시 사람들이 어떻게 농지를 소유할 수 있다는 말인가? 농사는 전업으로 할 필요는 없으며 자기가 직접 경영을 하면 된다. 그럼에도 불구하고 '1년에 90일 이상 농사를 지어야 하고 농작업의 1/2 이상을 직접 지어야 한다.'는 법규가 있기에 의문점을 가질 수 있다. 하지만 이와 같은 규정은 매도할 경우 소득세 규정에서 필요한 것이고 농지를 구입해서 농사를 짓는 것은 농지법에서 정한 자기 경영으로 하면 가능한 것이다. 이 또한 어렵다면 농지은행에 위탁할 수도 있다. 이를 한마디로 정리하면, 서울 등 도시 사람들도 농지를 구입할 수 있고, 다만 토지거래허가지역 내의 농지인 경우에는 다소 제약이 있다고 알아두자.

실질적으로는 서울 등 도시 사람들이 귀농을 하면서 농지투자를 하는 경우도 있고, 전원생활를 위한 농지투자도 있을 수 있다. 주말체험 영농을 위한 농지투자도 있을 수 있고, 그 목적이나 투자자의 다양한 여건에 따라서 여러 가지 형태의 농지투자가 가능할 것으로 생각된다.

토지투자의 블루오션, 농지투자 전략

지역 지구 등 지정 여부	「국토의 계획 및 이용에 관한 법률」에 따른 지역, 지구 등	농림지역, 소로2류 (폭 8M~10M)(접합)
	다른 법령 등에 따른 지역, 지구 등	농업진흥구역 〈농지법〉, 접도구역 〈도로법〉
「토지이용규제 기본법시행령」 제9조 4항 각 호에 해당되는 사항		
		↓
지역, 지구 등 지정 여부	「국토의 계획 및 이용에 관한 법률」에 따른 지역, 지구 등	계획관리지역, 소로2류 (폭 8M~10M)(접합)
	다른 법령 등에 따른 지역, 지구 등	접도구역 〈도로법〉
「토지이용규제 기본법시행령」 제9조 4항 각 호에 해당되는 사항		

과거 농림부의 파워게임(?)에서 보듯 규제 일변의 정책에서 WTO 및 FTA 무역협정과 같은 시대적 요구에 따라 농산물 개방이 불가피해졌다. 농지에 대한 정부정책도 농림수산식품부로 이관되면서 먹거리를 고려하고 전원주택부지나 관광·휴양·레저·정보통신산업단지 등으로 농지를 전환하는 등

시장 친화적인 정책으로 방향을 잡아가고 있다. 전원주택 용도로 또는 주말 농장 및 공장 등의 사업용지로 활용됨에 따라 농지에 대한 수요는 2009년 이후 더욱 확대되고 있는 것이다.

투자 측면에서 볼 때도, 관리지역 내 '대'에 투자하는 것보다, 가격이 저렴한 '농지'에 투자하여 건축할 수 있는 땅인 '대'로 지목을 변경하는 방식이 더 큰 수익을 내고 있기 때문에 농지투자 인기는 계속될 것으로 보인다. 하지만, 농지 역시 보전과 개발의 잣대에서 우리의 먹거리도 간과할 수 없는 부분이라 '묻지마 투자'는 지향하여야 함이 당연하다.

농지는 4개의 용도지역(도시지역, 관리지역, 농림지역, 자연환경보전지역)에 모두 존재하나, 농지법에서는 '농업진흥지역 안(일반적으로 농림지역)'에 있는 농지와 '농업진흥지역 밖(일반적으로 관리지역)'에 있는 농지로 분류한다.

농업진흥지역 안에 있는 농지는 전용함에 있어 규제가 많지만 농업진흥지역 밖에 있는 농지는 상대적으로 개발하는 데 용이한 편이다. 농업진흥지역에는 경지정리가 잘 된 전田·답畓이나 나무가 우거진 임야들인 농업진흥구역과 댐이나 저수지와 같은 농업보호구역이 있다. 농업진흥구역 안의 농지에 지을 수 있는 건물은 농지법 시행령 제29조에서 명시되어 있듯이, 농업인 주택(창고, 주차장을 포함하여 660㎡ 이하), 묘목, 과수, 고정식 온실, 버섯재배사, 비닐하우스, 농막, 마을회관, 공동창고, 작업장, 농업축산용 관리사 등을 지을 수 있다.

저수지나 댐 주변에 있어 경치가 좋아 인기가 높은 편인 농업보호구역 안의 농지에 지을 수 있는 건물은 농업진흥구역 안에서 지을 수 있는 건물과 관광농원(2만㎡ 미만), 주말농원(3,000㎡ 미만), 부지가 1,000㎡ 미만인 단독주택, 제1종 근린생활시설(슈퍼마켓, 의원 등은 가능하나 일반음식점, 이용원, 일반목욕장 등은 허용되지 않음), 제2종 근린생활시설(기원, 휴게음식점, 당구장, 탁구장, 금융업소, 중개사무소, 게임장, 학원 등은 가능하나 일반음식점과 골프연습장은 허용되지 않음)이다.

■ 투자목적이 분명하여야 한다

농지는 이용이나 취득에 제한이 있어 다른 사람의 조언만 믿고 투자를 할 경우 상당한 손실이 발생하거나 농지를 취득하지 못하는 문제점이 발생되는 경우가 있기 때문에 상당한 주의가 요구된다. 하지만, 상대적으로 저렴한 가격에 취득하여 전용 등의 리모델링을 거친다면 다른 어떤 투자상품보다 높은 투자수익을 기대할 수 있는 매력이 있기에 농지 투자는 블루오션이라 할 수 있다. 따라서 농지에 투자할 때에는 농지취득에 문제가 없는지 여부와 투자목적대로 활용할 수 있는지 여부를 확인하는 것이 중요하다.

이를 위해서는 가장 먼저 농지의 활용방법 등 투자목적을 염두에 두고, 농지에 대한 토지이용계획확인서를 사전에 발급 받아 해당 지자체나 실전 경험이 많은 부동산전문가들의 조언을 듣는 것이 필요하다.

■ 도시와 가까운 자연녹지 및 계획관리지역의 농지를 눈여겨보라

지목은 '현재'의 이용 상황이고, 용도지역은 '미래'의 활용가치가 담겨 있다. 따라서 농지투자에서는 용도지역이 중요한 기준이 되고 주변 환경이 쾌적하고 기반시설이 갖추어진 자연녹지지역과 생산녹지지역 그리고 계획관리지역, 생산관리지역이 투자가치 면에서 무난하다 할 수 있다.

자연녹지지역의 농지는 도시지역과 가까워 기반시설이 양호하고 접근성이 좋아 중·단기 투자로 적합하다 할 수 있다. 농업진흥지역 안에 포함되지 않은 생산녹지지역 역시 도시개발축을 고려한다면 양호한 투자처라 할 수 있다.

먹거리와 관련된 농지는 보존하는 것이 원칙이나, 상대적으로 보존가치가 떨어진 농업진흥지역 밖의 농지 가운데 계획관리지역 및 생산관리지역의 농지는 비도시지역 중에서 언제든지 도시용지로 편입될 수 있기 때문에 미래가치가 풍부한 토지라 할 수 있다. 개발수요가 많은 지방에서는 눈여겨 보아야 하는 용도지역이라 할 수 있다.

■ 도로를 개설할 수 있는지를 확인하여야 한다

개발호재가 풍부하고, 접근성이 좋은 위치에 있다고 하여도 지적법상의 도로가 없다면 무용지물이라 할 수 있다. 하지만 더 중요한 것은 도로를 낼 수 있는지 여부를 확인하는 것이다. 개발의 필수요건은 4m 이상에 해당하는 도로가 있어야 하고, 현황도로에서도 건축행위를 할 수 있기 때문에 건축행위 가능 여부는 지자체등 전문가의 상담을 통하여 확인하여야 한다.

■ 토지분할이 가능하고, 환금성을 고려하여야 한다

현행법상 비도시지역은 개발행위허가를 받아야 분할이 가능하다. 비도시지역의 땅은 도시지역의 땅보다 넓은 면적으로 이루어져 있기 때문에 환금성이 좋은 200~500평 정도로 분할하는 것이 좋다. 면적의 환금성도 중요하지만, 금액의 환금성 역시 중요하다. 즉 5억 원짜리 한 필지를 매수하는 것보다 1~2억 원짜리 몇 필지의 토지에 투자하고 2~3배의 수익률을 달성했을 때 매도하는 전략을 구사하여야 하는 것이다. 물론, 5억 원짜리 토지를 매수하여 분할 등의 기법을 통하여 환금성을 높이는 성공투자자들도 많다. 묻지마 투자는 과거의 유산임을 잊지 말아야 할 것이다.

■ 주거문화의 새로운 트렌드를 이해하라

급격한 도시화로 인해 주택용지가 부족해지면서 대부분 아파트 위주로 주거공간을 형성하였으나, 베이붐 세대의 본격적인 은퇴가 이루어지는 앞으로의 세대는 세컨드 하우스 개념으로 주거문화가 고급 단독주택형으로 바뀌게 될 것이다. 따라서 고급 단독주택 용지로 바꿀 수 있는 농지에 선점하는 투자를 고려할 만하다.

농지의 이점은 값이 싸고 여러 가지 용도로 활용할 수 있다는 데 있다. 게

획관리지역에 있는 농지에는 주택, 근린생활시설, 공장, 창고, 모텔, 일반음식점 등을 지을 수 있다. 도시지역의 자연녹지에서도 가능하나 땅값이 비싼 편이다. 따라서 근린생활시설과 같은 건물을 지어 사업을 하거나 임대수익을 올리려면 계획관리지역의 농지를 사는 것이 바람직하다 할 수 있다.

토지 이용도를 제고하겠다는 정부의 의지와 농지 완화의 시대적 흐름에 따라 도시 근교의 농업진흥지역 안에 있는 농지는 도시화가 될 가능성이 크다. 도시화가 진행되면 농업진흥지역에서 제외될 가능성도 높고 수용되는 경우에도 높은 보상가를 기대할 수 있기 때문에 개발행위에 제한이 있어도 도시지역과 가까운 농지 역시 투자할 만하다.

농지의 가치는 미시적으로는 농업진흥지역 여부, 현황상 경지정리 여부, 진입도로개설 여부 등 개발행위허가, 시설별 전용면적 기준과 농지전용허가기준에 따라 가치가 달라진다는 점을, 거시적으로는 인구유입, 개발호재 등에 따라 달라진다는 점을 다시 한 번 기억할 필요가 있다. 묻지마 투자가 아닌 과학적인 접근이 필요한 땅 테크, 선택이 아닌 필수다.

농지의 투자가치 판독법

항목	내용
인허가 위험도	허가대상이므로 적법 요건을 갖추어도 허가가 나지않을 위험성이 있다. 농지의 분류별 위험률을 나타내면 다음과 같다. 농업진흥지역농지> 농업보호구역농지> 농업진흥지역 외 농지
농지전용 부담금	공시지가x 30%(최고 한도 50,000 원/㎡)
토목공사비	대지 조성 토목공사비 등 제비용(절토, 성토, 옹벽축조, 도로개설 등)

실무에서는 농지의 투자가치=인근 대지가격×농지효용비율이 된다. 대도시 인근 농지의 효용비율은 아래와 같다.

구분		효용비율	비고
농업진흥지역	농업진흥구역	30%	본 비율은 대상지의 지역 요인이나 대상지의 개별 요인에 따라 가감될 수 있으며, 개인적 경험치이므로 참고자료로 활용하도록 추천한다.
	농업보호구역	40%	
농업진흥지역 외 농지		60%	

■ 예시 1

대상토지는 농업진흥지역의 농업진흥구역 농지이며 소유주인 매도인은 평당 21만 원을 요구하고 있다. 참고로 인근지역에서 유사한 거래 사례는 찾을 수 없었고 대상지와 여건이 비슷한 인근지역 전원주택의 대지가격은 평당 81만 원이다. 투자자가 이 농지를 매입하기 위한 투자상한가격을 제시하여 본다면, 다음과 같다.

투자가치 = 인근 대지가격(평당) X 효용비율 = 80만 원 X 30% = 24만 원

■ 예시 2

대상토지의 현황은 농업진흥지역의 농업보호구역 농지 1,000평이며, 소유주인 매도인은 평당 55만 원을 받고자 했으며, 중개사는 여건이 비슷한 인근지역 공장부지들이 평당 100만 원에 거래되고 있다며 적극적으로 투자를 권유하고 있다. 참고로 투자자가 확인해본 결과 인근지역에서 유사한 거래 사례는 찾을 수 없었고 인근 공장부지가 평당 90~100만 원 선에 거래되고 있음을 확인했다. 투자자가 이 농지를 매입하기 위한 투자상한가격을 제시하여 보도록 한다.

투자가치 = 인근지역 대지가격(평당) X 효용 비율 = 100만 원 X 40% = 40만 원.

토지소유주가 받고자 하는 땅값은 고평가 되어 있음을 알 수 있다.

농지투자와 세금

농지의 양도소득세 계산 방법

양도가액	실지거래가액
(一) 취득가액	실지거래가액 취득 관련 비용 : 취득세 · 등록세, 법무사 비용, 취득시 중개수수료
(一) 필요경비	자본적 지출액 : 자산의 가치를 증대시키는 대수선비 (베란다 확장 등) 양도비등 필요 경비 : 양도시 중개수수료
= 양도차익	
(一) 장기보유특별 공제	양도차익 X 공제율 부동산 보유기간에 따라 공제율이 다름
= 양도소득금액	
(一) 기본공제	연간 250 만 원
= 과세표준	
X 세율	6%~38%의 누진세율 (보유기간 : 1 년 미만인 경우 50%, 2 년 미만 40%)
= 산출세액	

① 양도가액 : 2007년 1월 1일 이후 양도분부터 모든 부동산의 양도가액을 실지거래가액으로 계산한다.

② 취득가액 : 양도가액에 대응하는 취득가액은 실지거래가액으로 계산하고 취득관련비용인 취득세 · 등록세와 등기대행에 관련하여 발생한 법무사비용, 취득한 부동산에 대한 부동산 중개수수료 역시 취득가액에 가산한다. 취득가액은 매매계약서등 증빙서류로 입증해야 하고 법무사 비용과 취득시 중개수수료는 세금계산서, 영수증 등의 증빙서류가 필요하다.

③ 필요경비 : 자본적 지출액이란 해당 자산의 가치를 증가시키는 비용을 말한다. 대표적인 것으로 베란다 확장공사, 샤시공사, 난방시설공사와 같은 인테리어 비용이 있다. 이러한 자본적 지출액의 공사비용의 금액이 클수록

공사계약서, 세금계산서나 영수증뿐만 아니라 송금증 등 지급증빙 역시 확실히 챙겨두어야 필요경비로 인정받을 수 있다.

④ 장기보유특별공제 : 장기보유특별공제란 양도차익에 공제율을 곱한 금액을 공제해 주는 것으로서 부동산 장기 보유에 대한 혜택을 주기 위한 제도이다. (*2 장기보유 특별공제)

⑤ 기본공제 : 양도소득기본공제는 양도소득 외에 다른 소득이 있는지 여부와 관계없이 연간 250만 원이 기본적으로 공제된다. 다만 여러 개의 부동산을 양도하여도 한도는 250만 원임을 유의해야 한다.

⑥ 세율 : 부동산, 부동산에 관한 권리 양도시 세율.

양도소득세의 세율

■ 2018년 양도소득세율

보유기간	과세표준	사업용 토지	비사업용 토지	누진공제
1년 미만	—	50%	6%	—
1년~2년 미만		40%	40%, 16~52%	—
2년 이상	1,200만 원 이하	6%	16%	—
	1,200만 원 초과 4,600만 원 이하	15%	25%	108만 원
	4,600만 원 초과	24%	34%	522만 원
	8,800만 원 이하	35%	45%	1,490만 원
	1억 5,000만 원 초과 3억 원 이하	38%	48%	1,940만 원
	3억 초과 5억 이하	40%	50%	2,440만 원
	5억 초과	42%	52%	3,540만 원

비사업용 토지

2015년부터는 기본세율+10%를 적용하되 보유기간이 2년 미만인 경우에는 중과세 대상인 40% 또는 50%의 세율 중 높은 세율을 적용한다.(소득세법 제104조 제4항 후단 신설)

비사업용 토지란 토지를 소유하는 기간 중 대통령령이 정하는 기간 동안 다음 어느 하나에 해당하는 토지, 전·답·과수원으로서 다음 어느 하나에 해당하는 것을 말한다.

장기보유특별공제

보유기간	공제율	보유기간	공제율
3년 ~ 4년	10%	7년 ~ 8년	21%
4년 ~ 5년	12%	8년 ~ 9년	24%
5년 ~6년	15%	9년 ~ 10년	27%
6년 ~ 7년	18%	10년 이상	30%

사업용, 비사업용 토지세율 비교

사업용 토지	구분	비사업용 토지
* 임야 = 재촌 (보안림, 채종림, 시험림 등) *농지 + 재촌, 자경 (도시지역 제외)	요건	* 비거주, 비자경 * 도시지역
기본세율 6~38%	양도소득세	중과세 16~48%
8년 재촌, 자경 요건 갖춘 농지	비과세	없음
적용 (전체 보유기간 인정)	장기보유 특별공제	적용 단, 2016년 1월 1일부터 보유기간 산정

[2016. 1. 1기준] 비 사업용 토지 2015년과 2016년 이후 양도시 양도차익별 보유기간별 양도세액 비교

▶ 비사업용 토지를 양도시 2016년 1월 1일부터 장기보유특별공제를 적용하니 일반 지역의 비 사업용토지도 10% 세율이 추가되어 16%~40%의 세율이 적용되기에 2015년 양도보다 불리한 경우가 많음.(아래 비교표)

▶ 장기보유특별공제 적용을 위한 보유기간은 2016년 1월 1일부터 가산됨.

▶ 아래 ① ~ ④ 양도차액으로 각각 2016년 이후 보유기간이 10년 ~ 7년 되어야 양도소득세가 2015년 양도와 동일함.

▶ 2016년 이후 양도가 유리한 양도차익별 보유기간(2016년 이후)을 정리하면
1. ① 금액초과 ② 미만은 10년
2. ② 금액초과 ③ 미만은 9년
3. ① 초과 ④ 미만은 8년
4. ④ 초과 7년 이상 되어야 16년 이후 양도 유리
5. ① 초과 7년 이상 또는 ① 금액 미만 : 2015년 양도가 세액이 유리

▶ 본 데이터는 지가변동율, 감면 특례 등이 미반영.「누진세율 + 10% p」와 40% 경합시 세액이 낮은 세율 적용하였으며 과세표준 2억 4,250만 원 초과시는 누진세율 적용

2016년 이후 양도 : 10% 장특적용(보유기간 2016. 1.1~) 출처 :세무정보

양도차익	2015년 2년 이상 보유	2년 보유	3년 보유	4년 보유	5년 보유	6년 보유	7년 보유	8년 보유	9년 보유	10년 보유
50,000,000	6,180,000	10,930,000	9,545,000	9,295,000	8,920,000	8,545,000	8,170,000	7,795,000	7,420,000	7,045,000
① 63,307,692	9,374,846	15,454,615	13,302,154	12,871,661	12,225,923	11,580,185	10,934,446	10,323,461	9,848,654	9,374,846
80,000,000	13,300,000	21,130,000	18,410,000	17,866,000	17,050,000	16,234,000	15,418,000	14,602,000	13,786,000	12,970,000
② 95,333,988	17,591,896	26,075,295	23,102,200	22,453,929	21,481,523	20,509,116	19,536,700	18,564,000	17,591,896	16,619,489
1000,000,000	19,225,000	28,975,000	24,530,000	23,850,000	22,830,000	21,810,000	20,790,000	19,770,000	18,750,000	17,730,000
③ 105,949,701	21,307,423	31,652,401	26,884,661	25,931,113	24,549,487	23,458,799	22,388,111	21,307,423	20,226,730	19,146,040
140,000,000	33,225,000	46,975,000	40,675,000	39,415,000	37,525,000	35,635,000	33,745,000	31,855,000	29,965,000	28,075,000
④ 175,530,612	46,731,633	64,134,694	55,661,224	53,966,351	51,497,959	49,114,796	46,731,633	44,348,469	41,965,306	39,582,143
200,000,000	55,650,000	75,400,000	65,800,000	63,880,000	61,000,000	58,120,000	55,740,000	52,375,000	49,675,000	46,975,000
300,000,000	93,650,000	123,400,000	100,000,000	106,120,000	101,000,000	97,460,000	93,160,000	88,840,000	84,520,000	80,200,000
500,000,000	169,650,000	219,400,000	195,400,000	190,000,000	183,400,000	176,200,000	169,000,000	161,800,000	154,600,000	147,400,000
1,000,000,000	359,650,000	459,000,000	411,400,000	401,000,000	387,400,000	373,000,000	353,600,000	344,200,000	329,800,000	315,400,000

양도세 절세

	양도세율	
	주택	주택 외(토지, 상가, 분양권)
1년 미만	40%	50%
1년 ~2년 미만	6~38%	40%
2년 이상 보유	1세대 1주택 비과세 다가구 6~38%	6~38%
미등기 전매	70%	70%
비사업용 토지	2년 이상 보유시(6~38%) + 10%	
투기지역 부동산	2년 이상 보유시(6~38%) + 10%	

※ 비사업용 토지 : 토지의 지목과 동일하게 사용되지 않는 나대지나 부재지주 소유의 농지 또는 임야

비사업용 토지를 보유한 강씨가 매도시 납부해야 할 양도소득세

양도 시기	2015년	2016년	2019년
양도차익	1억 원	1억 원	1억 원
장기보유특별공제	–	–	1,000만 원
기본공제	250만 원	250만 원	250만 원
과세표준	9,450만 원	9,450만 원	8,750만 원
세율	35%	45%	34%
누진공제	1,490만 원	1,490만 원	522만 원
산출세액	1,922만 원	2,897만 원	2,453만 원

(* 10년 보유, 취득가액 2억 원, 양도가액 3억 원)

장기보유 특별공제

보유기간	공제율	보유기간	공제율
3년 ~ 4년	10%	7년 ~ 8년	21%
4년 ~ 5년	12%	8년 ~ 9년	24%
5년 ~ 6년	15%	9년 ~ 10년	27%
6년 ~ 7년	18%	10년 이상	30%

장기보유 특별공제

과세표준	세율	누진공제액(차감 금액)
1,200만 원 이하	6%	–
1,200만 원 ~ 4,600만 원 이하	15%	108만 원
4,600만 원 ~ 8,800만 원 이하	24%	522만 원
8,800만 원 ~1억 5,000만 원 이하	35%	1,490만 원
1억 5,000만 원 초과	38%	1,940만 원

① 대통령령이 정하는 바에 의하여 소유자가 농지소재지에 거주(농지의 소재지와 동일한 시·군·구, 연접한 시·군·구 또는 농지로부터 30킬로미터 이내에 있는 지역에 주민등록이 되어 있고 사실상 거주)하지 아니하거나 자기가 경작(농작물 경작 또는 다년생식물 재배에 상시 종사하거나 농작업의 2분의 1 이상을 자기의 노동력으로 경작 또는 재배)하지 아니하는 농지. 다만, 「농지법」 그밖의 법률에 의하여 소유할 수 있는 농지로서 대통령령이 정하는 경우를 제외.

② 특별시·광역시(광역시의 군 제외) 및 시지역(도·농복합 형태의 시의 읍·면지역 제외) 중 '국토의 계획 및 이용에 관한 법률'의 규정에 의한 도시지역(녹지지역 및 개발제한구역 제외) 안의 농지. 다만 대통령령이 정하는 바에 의하여 비사업용 토지에서 제외되거나 특별시·광역시 및 시 지역의 도시지역에 편입된 날부터 소급하여 소유자가 1년 이상 재촌하면서 자경한 농지 중 편입일로부터 2년이 종료되지 아니한 농지 제외.

농지·임야·목장용지 및 그밖의 토지의 판정은 특별한 규정이 있는 경우를 제외하고는 사실상의 현황에 의함. 단, 사실상의 현황이 분명하지 않은 경우에는 공부상의 등재현황에 의함.

'조세특례제한법'의 재촌·자경농지 비과세 조항

8년 이상 재촌·자경(농지 소재지 또는 소재지와 연접한 시·군·구 또는 농지로부터 30km 이내의 지역에 거주하면서 직접 농사를 짓는 경우)한 농지를 양도하는 경우 과세기간별로 감면받을 양도소득세액의 1억 원 한도 내에서 양도소득세를 100% 감면한다. 단 5개 과세기간(당해 과세기간에 감면받을 양도소득세액과 직전 4개 과세기간에 감면받은 양도소득세액의 합계액)에 감면받을 양도소득세액의 합계액이 3억 원을 초과하는 경우 그 초과하는 부분에 상당하는 금액은 양도소득세를 부과한다.

8년 이상 재촌·자경한 농지에 대한 자경기간 계산법

① 자경기간 : 농지를 취득일부터 양도일까지 실제 보유기간 중 농지소재지에 거주하면서 경작한 기간.
② 보유기간 중 휴경 또는 대리경작 등이 있는 경우 : 휴경 또는 대리경작 등의 기간을 자경기간에서 제외한 후 취득일부터 양도일까지의 경작기간을 합산하여 계산.
③ 상속받은 농지를 상속인이 직접 경작하지 않는 경우 : 상속받은 날부터 3년이 되는 날까지 양도한 경우에 한하여 피상속인이 생전에 경작한 기간을 상속인이 경작한 기간으로 봄.
④ 증여받은 농지 : 증여받은 날 이후의 경작기간.

농지의 사업용·비사업용 판단기준

농지의 범위 : 전·답·과수원으로서 지적공부상의 지목에 관계없이 실제로 경작에 사용되는 토지를 말한다. (농지 경영에 직접 필요한 농막·퇴비사·양수장·농로·수로 등의 토지 부분을 포함)

사업용 토지로 보는 경우

① 재촌
 - 농지의 소재지와 동일한 시·군·구에 연접한 시·군·구.
 - 농지로부터 직선거리 30킬로미터 이내.
 - 소유자가 주민등록이 되어 있고 사실상 거주.
② 자경
농업인이 그 소유 농지에서 농작물 경작 또는 다년생식물 재배에 상시 종사하거나 농작업의 1/2 이상을 자기의 노동력으로 경작 또는 재배.
③ 특별시·광역시(광역시의 군 제외) 및 시 지역(도·농복합 형태의 시의 읍·면 지역 제외) 중 '국토의 계획 및 이용에 관한 법률'의 규정에 의한 도시지역(녹지지역 및 개발제한구역 제외) 안의 농지는 비사업용 토지. 다만, 대통령령이 정하는 바에 의하여 비사업용 토지에서 제외되거나 특별시·광역시 및 시 지역의 도시지역에 편입된 날부터 소급하여 소유자가 1년 이상 재촌하면서 자경한 농지 중 편입일부터 2년이 종료되지 아니한 농지 제외.
예외) 농지소유자가 재촌·자경하지 않더라도 '농지법' 그 밖의 법률에 의하여 소유할 수 있는 농지로서 대통령령이 정하는 경우 비사업용 토지에서 제외.
④ 주말·체험영농을 목적으로 소유한 농지(세대당 1,000㎡ 이하)

⑤ 2006년 12월 31일 이전에 상속받은 농지·임야·목장용지로서 2009년 12월 31일까지 양도하는 토지.

⑥ 상속으로 취득한 농지로서 그 상속개시일로부터 3년이 경과하지 아니한 토지. (10,000㎡ 이내)

⑦ 직계존속이 8년 이상 기획재정부령으로 정하는 토지소재지에 거주하면서 직접 경작한 농지·임야·목장용지로서 이를 해당 직계존속으로부터 상속·증여 받은 토지. 다만, 양도당시 '국토의 계획 및 이용에 관한 법률'에 따른 도시지역(녹지지역 및 개발제한구역 제외) 안의 토지는 제외.

⑧ 특별시·광역시 및 시 지역 중 '국토의 계획 및 이용에 관한 법률'의 규정에 의한 도시지역 안의 농지(녹지지역 및 개발제한구역 제외) 중 상속에 의하여 취득한 농지로서 그 상속개시일부터 5년 이내에 양도하는 토지.

⑨ 2006년 12월 31일 이전에 8년 이상 농업경영을 하고 이농한 자가 이농 당시 소유하고 있는 농지로서 2009년 12월 31일까지 양도하는 토지는 비사업용 토지에서 제외. (10,000㎡ 이내)

⑩ 8년 이상 재촌·자경 후 이농하는 경우 이농 당시 소유하고 있는 농지로서 그 이농일부터 3년이 경과하지 아니한 토지.

⑪ 농지전용허가를 받거나 농지전용신고를 한 자가 소유한 농지 또는 농지전용협의를 완료한 농지로서 당해 전용목적으로 사용되는 토지.

⑫ 종중이 소유한 농지. (2005년 12월 31일 이전에 취득한 것에 한함.)

⑬ 특별시·광역시 및 시 지역 중 '국토의 계획 및 이용에 관한 법률'의 규정에 의한 도시지역 안의 농지 중 종중이 소유한 농지. (2005년 12월 31일 이전에 취득한 것에 한함.)

⑭ 소유자(거주자와 그 배우자의 직계존비속[그 배우자를 포함] 및 형제자매 중 소유자와 동거하면서 함께 영농에 종사한 자 포함)가 질병(1년 이상의 치료나 요양을 필요로 하는 질병), 고령(65세 이상), 징집, 취학, 선거에 의한 공직 취임 그밖에 기획재정부령이 정하는 부득이한 사유로 인하여 자경할 수 없는 경우 당해 사유 발생

일부터 소급하여 5년 이상 계속하여 재촌하면서 자경한 농지로서 당해 사유 발생 이후에도 소유자가 재촌하고 있는 경우(거주자와 그 배우자의 직계존비속[그 배우자를 포함] 및 형제자매가 농지 소재지에 재촌하고 있는 경우 그 소유자가 재촌하고 있는 것으로 봄.)

⑮ '한국농어촌공사 및 농지관리기금법' 제3조에 따른 한국농어촌공사가 같은 법 제24조의 4 제1항에 따라 8년 이상 수탁(개인에게서 수탁한 농지에 한함)하여 임대하거나 사용한 농지.

□ 2006년 12월 31일 이전에 20년 이상을 소유한 농지·임야 및 목장용지로서 2009년 12월 31일까지 양도하는 토지.

□ '공익사업을 위한 토지 등의 취득 및 보상에 관한 법률' 및 그 밖의 법률에 따라 협의 매수 또는 수용되는 토지로서 사업인정고시일이 2006년 12월 31일 이전인 토지 또는 취득일(상속받은 토지는 피상속인이 해당 토지를 취득한 날)이 사업인정고시일부터 5년 이전인 토지.

□ 목적사업을 수행하기 위하여 필요한 시험지·연구지·실습지 또는 종묘생산지로 쓰기 위하여 농식품부령으로 정하는 바에 따라 농지를 취득하여 소유하는 경우.

□ 농지의 개발사업지구 안에 소재하는 농지(1,500㎡ 미만) 또는 한계농지정비사업으로 조성된 농지. (1,500㎡ 미만)

□ 공유수면매립법에 따라 매립 농지를 취득하여 소유하는 경우.

□-1 토지수용, 공익사업, 개발사업과 관련하여 농지를 취득하여 당해 사업에 사용하는 경우.

□-2 제사·종교·자선·학술·기예 그 밖의 공익사업을 목적으로 하는 지방세법 제186조 제1호 본문의 규정에 따른 비영리 사업자가 그 사업에 직접 사용하는 농지.

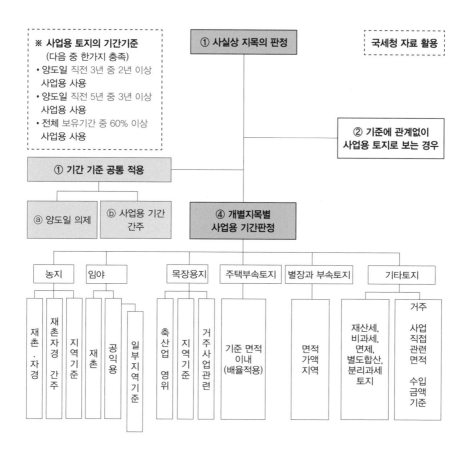

Chapter 4.

임야(산지)에 투자하기

임야투자와 개발을 위한 기본기

혹자들 중에 임야는 이제 투자가치가 전혀 없다는 위험한 이야기를 하는 경우를 종종 듣곤 한다. 필자는 그런 이야기를 들을 때마다 조금은 아쉬운 느낌을 받는다. 답은 명확하다. 임야도 임야 나름이기 때문이다. 오히려 토지를 통한 투자 수익의 최고봉은 임야라는 사실에 이의를 달고 싶지 않다. 물론 이것 또한 임야도 임야 나름이라는 전제 아래….

그렇다면 임야도 임야 나름이라는 애매모호한 이 말속에는 도대체 어떤 내용들이 내포되어 있는지를 정확하게 이해하고 그와 함께 임야를 보는 안목을 갖춘다면 성공투자의 지름길을 찾을 수 있지 않을까?

개발을 목적으로 하는 임야를 매입할 때는 특히, 주의해야 할 점들이 제법 많다.

임야와 농지 중 어느 것이 비쌀까?

결론부터 말하자면 임야 가격이 농지보다 싸다. 참고로 김포신도시 보상

금액을 살펴보면 1차보상금액은 전 107.1만 원, 답 80.1만 원, 임야 60.2만 원이었다. 김포뿐만 아니라 수도권의 공공개발로 인한 보상가는 임야가 농지에 비해 대체로 60~70% 수준이다.

임야는 소유자에 따라 국유림, 공유림, 사유림으로 구분하며, 이용 목적에 따라 보전산지(보전산지에는 임업용 산지와 공익용 산지로 세분됨)와 준보전산지로 구분되는데, 보전산지 중 임업용 산지는 주로 임업생산 기능의 증진을 위하여, 공익용 산지는 생태, 자연경관, 국민휴양 등 공익 기능을 위한 용도이며, 기타 준보전산지는 개발이 비교적 쉽다. 따라서 지목별로 가격 순위를 비교하자면 농지의 경우 답 < 전 < 과수원 순위이고, 임야는 공익용 < 임업용 < 준보전산지 순이다.

임야가 농지보다 싼 이유는 ① 개발가능성이 불확실하며 ② 현 임야 상태로 활용이나 수익성이 거의 없고 ③ 개발비용 과다 및 개발 후 활용면적 감소 등 여러 요인으로 인해 농지보다 가치가 낮을 수밖에 없다.

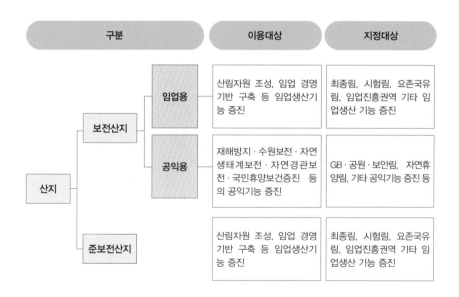

구분			이용대상	지정대상
산지	보전산지	임업용	산림자원 조성, 임업 경영 기반 구축 등 임업생산기능 증진	최종림, 시험림, 요존국유림, 임업진흥권역 기타 임업생산 기능 증진
		공익용	재해방지 · 수원보전 · 자연생태계보전 · 자연경관보전 · 국민휴양보건증진 등의 공익기능 증진	GB · 공원 · 보안림, 자연휴양림, 기타 공익기능 증진 등
	준보전산지		산림자원 조성, 임업 경영 기반 구축 등 임업생산기능 증진	최종림, 시험림, 요존국유림, 임업진흥권역 기타 임업생산 기능 증진

임야개발 가능성 판단은 곤란

임야를 사려는 목적은 대부분 다른 용도로 이용하려고 개발을 하거나 아니면 중장기적으로 투자를 하기 위해서인데, 투자를 목적으로 매입하는 방법은 세대주 전원이 1년 이상 해당 시·도 소재 주민등록이 되어 있어야 하고, 5년 이상 보유 후 매도가 가능하다.

개발목적은 거주요건과 관계없이 누구나 가능하며, 개발행위허가시 토지거래허가도 의제 처리된다. 개발을 하려면 임야든 농지든 모든 토지의 이용행위 중 반드시 허가를 받아야 하는 사항이 있다.

도시지역이나 계획관리지역의 임야인 경우 개발행위허가를 기타 지역(보전/생산관리, 농림지역 등)은 산지전용허가를 받아야 하며, 허가를 받아야 하는 사항은 ① 건축물의 건축이나 공작물의 설치 ②토지의 형질변경 ③ 토석의 채취 ④ 토지의 문할 ⑤물건을 쌓아 놓는 행위 등은 허가를 받아야 한다. 물론 경미한 사항은 예외이다.

예를 들면 도시지역 외의 지역에서 250㎡(약 76평) 이내의 면적에서 부피 500㎥ 이내의 토석채취, 녹지지역 내 면적 25㎡(7.6평) 이내 토지 내 50톤 이하, 부피 50㎥ 이하로 물건을 쌓아두는 행위는 허가를 받지 아니한다.

임야개발은 신청서를 접수하면 → 현지 확인 → 대체 산림자원조성비 및 복구비 산정, 통지 → 납부 및 예치 → 허가 순으로 진행된다. 허가 여부가 불투명하므로 가능한 건축설계나 토목설계비용은 최소 비용만 지불하고, 허가 승인 후 전액 지불하는 조건부 계약을 하는 것이 비용을 절감하는 방법이다.

개발가능 여부를 판단할 때 연접개발제한이란 것이 있는데, 기존에 개발된 면적을 포함하여 개발예정지역으로부터 직선거리 50m 이내에 주거, 상업, 자연/생산녹지지역은 10,000㎡(약 3.025평), 관리/농림지역은 30,000㎡(

약 9,075평) 이내만 개발이 가능하다. 단 단독주택이나 1종근린생활시설은 연접제한을 받지 않고 개발이 가능하다.

투자가치 면에선 흔히 계획관리지역의 임야를 많이 추천을 하는데, 필자는 이처럼 용도를 기준으로 하는 투자방법에는 동의하지 않는다. 순전히 추천을 위한 추천에 불과하기 때문이다. 보전산지든 준보전산지든 내가 활용할 수 있는 최상의 노하우를 갖고만 있다면 오히려 강한 규제를 받는 값싼 토지가 더 좋다고 생각하는 쪽이다.

같은 임야라도 계획관리지역 임야는 산지관리법규정뿐만 아니라 조례에 의한 개발행위허가에 의해 경사도와 입목본수도를 따진다. 보전관리나 생산관리지역의 임야는 산지관리법의 규정을 적용한다. 산지전용허가에는 경사도를 25도 정도로 두고 있지만, 개발행위허가는 지자체마다 차이는 있다. 대개 10도 내지 20도 이내이다. 경사도 산정시 토지를 적정구간으로 나누어서 각 구간의 최고 최저점 간의 경사를 산출하는데, 구간 내 경사도 중에서 최대값을 대표 경사값으로 산출하므로 산지관리법상에서 적용하고 있는 산출 방법과는 현저한 차이가 있다.

다시 말하면, 계획관리지역의 임야는 조례와 산지관리법 둘 다 적용을 받는다. 아이러니한 현실이다. 거기에 조례상 입목본수도에서 50% 이상은 불가한 것으로 규정해 놓은 지자체도 있다. 입목본수도라 함은 쉽게 말해서 자라고 있는 입목의 수나 양(체적)을 해당 임지의 적절한 나무 수나 재적(입목본수 기준표)에 대한 비율로 나타낸 것이다. 영림기술자나 산림조합에서 주로 조사를 하는 편이다.

산지관리법에서는 입목 축적의 150%를 기준으로 적용한다. 물론 입목본수도와 축적의 차이는 있지만은 그래도 한층 강화된 내용이다.

산지 전용의 세부 허가기준에 대하여 한번 정리해보자. 물론 해당 규정에

다 나오는 내용이지만 쉽게 풀어본다는 데에 의의를 두고자 한다.

1. 전용으로 인하여 임도가 단절되지 않아야 한다.

2. 조림이 잘된 우량한 산림이 많이 포함되지 말 것.

3. 자연생태기능 유지에 현저한 장애가 발생되지 않을 것.

4. 재해발생이 우려되지 않을 것.

5. 산림과 수질보전기능을 해하기 않을 것.

6. 성, 절토 경사면의 수평투영면적이 1/2를 초과하지 않을 것.

7. 산지의 정상에서 하단까지 50% 미만에만 허가 가능.(높이 100미터 이내 제외)

8. 건축물의 높이 제한 있음.(16미터)

9. 전용하고자 하는 산지의 평균 경사도가 25도 이하이고 입목 축적이 150% 이하일 것.

10. 50년생 이상인 활엽수림의 비율이 50% 이하일 것.

11. 단독주택의 경우에는 자기 소유의 산지이어야 함.

12. 묘지 중심에서 5미터는 계획부지에서 제외할 것.

13. 준공검사 또는 사용개시가 되지 않은 계획상의 도로를 이용하여 전용불가.(편승 불가)

좋은 임야를 고르는 10가지 핵심 포인트

다음에 좋은 임야를 구입함에 있어서 유의사항을 산지관리법상의 규정과 사법상 장애사유를 통틀어 흔히 발생하는 10가지 유형으로 설명한다.

보전 목적이 강한 공익용 보전산지는 피한다

대개 경치가 좋은 관광 경승지, 자연공원지역, 백두대간보호지역, 산성, 사찰 등 문화재보호구역, 상수원보호구역, 자연이 잘 보전된 계곡은 공익용 산지로 지정된다. 산이 높고 계곡이 깊으며, 물이 좋고 천하절경인 곳은 대개가 산지전용제한구역으로 지정된 공익용 보전산지다.

특히 국립공원 등 자연공원이나 백두대간지역은 전혀 개발이 어려우므로 구입 대상에서 제외해야 한다. 또 희귀식물 및 천연기념물보존지역, 동식물 생태보전지역이나 상수원보호구역 등도 개발이 금지되어 있으므로 투자 목적에는 전혀 적합지 않다. 보안림, 채종림, 방풍림 등 자연 재해를 방지하기 위한 임야로 지정된 경우도 개발이 금지된다. 임업용 보전산지는 임업인이 아니더라도 일정 면적범위 내에서는 이용과 개발이 가능하다.

그런데 보전산지의 '토지이용계획확인서'와 지적도를 떼어보면 그냥 '보전산지'로만 되어 있고 공익용과 생산용의 구분이 없는 경우가 있다. 이때에는 별도로 '산지이용구분도'를 신청하여 지적과 수치로 양자가 구분된 상세지적도를 발급받아 보아야 한다.

준보전산지가 적당히 끼어 있는 임야가 좋다

준보전산지는 관리지역으로서 비교적 개발이 자유스럽다. 임야를 고를 때 작은 면적이 아니라면 어떤 산이라도 100% 준보전산지인 것은 드물다. 대개가 임업용 보전산지 70%~90%와 준보전산지가 10%~30% 정도인 것이 보통이다.

준보전산지는 산에서 산 아래 밭과 접한 부분 혹은 산중턱이더라도 예전에 집이 있었다거나 화전민이 쓰던 밭은 토임(토지임야) 형태로 남아 있는 것들이다. 이런 땅은 비교적 평평하고 개발가능성이 높다. 산지전용허가도 쉽게 받을 수 있다. 그러나 일부 지방의 산 중턱이나 산꼭대기에 있는 준보전산지는 관리지역 세분화를 위한 토지적성평가 과정에서 보전관리지역이나 생산관리지역으로 편입될 가능성도 있어 아직은 주의를 요한다.

수도권의 분류작업은 모두 완료되어 있다. 광역시와 지방의 경우는 일부 도시의 경우 현재 주민의 최종 공람과 재지정이 진행 중이다.

경사도가 25도를 넘지 않는 임야여야 한다

임야를 벌채하거나 형질 변경하여 전원주택 등을 지울 때는 산지관리법상의 산지전용허가를 받아야 한다, 산지관리법상 산지전용허가 심사기준에는 산지의 경사도가 25도를 넘으면 허가를 하지 못하도록 되어 있다. 따라서 가파른 산이나 절벽이 흔한 산은 산지전용허가를 받기 어렵다. 산지전용시의 경사도 제한은 종전 45도였던 것이 '산지관리법' 제정과 함께 25도로 강화되었다.

그러나 주의할 것은 이 25도는 법률상의 최고 한도일 뿐, 지방에 따라 시, 군의 조례로 그 이하로 규정하고 있는 곳도 많기 때문에 사전에 주의를 요한다. 예컨대 용인군은 17.5도, 파주시는 23도 이하로 규정하고 있다.(홍천군, 여주군, 양평군은 25도)

경사도를 측량하는 위치와 방법에 관하여는 각 지자체별로 별도의 지침이나 조례가 있어 그에 따른다,

나무가 많은 산이 꼭 좋은 산은 아니다

시·군마다 산림조합에서 산출한 평균(입목본수도) 울창도가 있는데, 특정 산지의 입목본수도가 임업통계에 나오는 각 시·군 평균치의 150% 이상이 되면 산지전용허가가 나지 않는다. 시·군에 따라 100%인 곳도 있다.(양평) 이 규정은 울창한 숲을 보전하자는 취지라고 볼 수 있다. 즉 산에 나무가 울창하면 보기에 좋고, 나무의 가치도 있겠지만, 반면에 벌채를 하고 토사를 반출하여 형질변경을 하는 등의 산지전용허가는 받기 힘들다는 이야기다. 또 전용대상 산지 안에 생육하고 있는 50년생 이상인 활엽수림의 비율이 50% 이하여야 전용이 가능하다.

재래종 조선소나무 등 보존가치가 있는 나무가 많을 때도 산지전용이 제한된다. 임야의 투자에 있어서는, 나무가 많은 산이 꼭 좋은 산이 아니라는 이야기다.

구입하기 전에 눈으로 확인해보자

임야를 구입하는 경우 소개자의 말과 지적도만 가지고 판단하면 착오가 생길 수 있다. 실제로 세월이 흘러 구거, 하천 등도 흐르는 물줄기가 바뀌었을 수도 있고, 붙어 있는 도로나 논과 밭의 경계 등 지형지물도 그 형태와 위치가 달라졌을 가능성이 있기 때문이다. 따라서 구입 전에 정확히 측량을 해보는 것이 좋지만 토지 중개의 관행상 아무도 돈을 들여 측량을 해 주지는 않는다. 통상 임야의 뒷선 경계는 산봉우리나 능선이 많고, 옆 경계는 계곡이 대부분이기 때문에 실제 산정에 올라가서 목측으로 주변을 설펴보는 수밖에 없다. 그러나 준보전산지가 많고 또 용도가 매우 중요하다면 계약 전에 자비로 측량하는 것도 한 방법이 될 수 있다.

산에 있는 입목의 소유권 관계도 검토해 보아야 한다

참나무 밤나무나 대나무 숲이 울창하거나 오래되어 목재의 가치가 있어 보이거나, 또는 조선소나무 같이 희귀하고 값이 나가는 나무가 제법 있다든지 혹은 매실, 자두 등 유실수가 집단으로 심어져 있는 경우(과거 과수원일 수 있음)에는 그 나무의 소유권과 처분관계를 사전에 확인해 봐야 한다. 즉 이런 나무들이 있는 산(임야)을 매매할 때 함께 넘어 오는 것인지 아니면 별도의 소유자가 있어서 별개로 값을 지불해야 되는지 확인해볼 필요가 있다. 일반적으로는 산(임야)의 매매에서 산에 자생하는 나무들에 대하여 별도의 공시가 없고, 또 계약시에 아무런 특약이 없으면 나무들도 임야 매매와 함께 따라온다고 본다.

그러나 임야에 있는 수목들이 '입목에 관한 법률'에 의하여 별도로 입목등기가 되어 있을 경우나 수목의 집단에 명인 방법에 의한 소유권자가 명시되어 있는 경우에는 다르다. 그냥 임야(山)만 구입한다고 해도 해당 산에 있는 수목은 입목등기부나 명인 방법에 의한 소유자의 명의로 별도로 존속할 가능성이 많기 때문이다. 명인 방법이 되어 있는 수목의 집단은 토지소유권과는 별개의 소유권을 가지고 있는 것으로 인정된다.

명인 방법이란 수목의 집단에 대해 팻말이나 나무껍질에 소유자를 표시하는 방법 등 제3자가 보기에 소유권자가 누구라는 것을 명확하게 알 수 있도록 표시하는 방법을 의미한다.

진입도로가 없는 맹지일 경우도 있다

산 밑이 바로 개울과 접한다든지 또는 그 앞의 논밭이 타인 소유인 경우 따로 통행하는 길이 없는 산들이 많다. 또 길이 없는 산중턱이나 깊은 산속에 있는 토지도 많다. 투자목적이 아니고, 즉시 사용목적으로 이런 임야를 구입하는 경우, 도로가 없으면 산을 개발할 수 없으므로 진입도로에 대한 대책이 필요하다.

임야를 구입할 때 미리 진입할 수 있는 도로를 개설하기 위하여 그 앞의 논밭에 도로를 내든지, 남의 산의 일정 부분에 대해 도로사용승낙을 받을 수 있는 조치를 강구해 두는 것이 필요하다. 내 산과 도로 사이에 하천이나 구거가 있는 경우에는, 하천(구거) 점용허가를 받아 자비로 다리를 놓은 뒤 지자체에 기부채납 하여 정식 도로를 개설하는 것도 한 방법이 될 수 있다.

지반이 평탄하고 토질이 좋으면 금상첨화다

임야의 지반을 살펴볼 때에 급경사가 없이 완만한 경사에 낙엽이 많고 부식토가 있어, 부드럽고 질 좋은 흙과 모래로 되어 있다면 매우 좋다. 이런 산의 땅은 후일 유실수를 심거나 버섯재배, 묘목재배 등에 아주 유용하게 쓸 수 있다. 또 토사를 반출하는 경우 과수원이나 논을 매립하는 곳에 돈을 받고 흙을 파서 내갈 수 있다. 그러나 반대로 지반이 흙이 아니고 암반에 가끔 절벽 등이 있을 때에는 쓸모가 매우 줄어든다. 통상 돌투성이인 이런 산을 '악산惡山'이라고 하여 매입을 꺼리기도 한다. 이런 산은 묘지로도 쓰지 못하고, 홍수나 폭풍에 약하여 여름철이면 절벽 붕괴나 토사유출 등으로 길을 막아 마을에 피해를 주기도 한다. 산주山主로서는 뜻하지 않게 산지 원상회복 비용 부담과 주민의 피해보상 파동에 휘말려 골치를 썩을 수도 있다.

유의해야 할 분묘기지권

우리나라의 임야치고 도처에 분묘(무덤)가 없는 곳이 없다고 해도 과언이 아니다. 지금 전국에 2천만 개 이상의 무덤이 있다고 한다. 시골의 작은 야산이나 길가 심지어 논이나 밭 가운데도 오래되거나 새로 만든 분묘를 흔히 볼 수 있다. 따라서 임야 구입시에 반드시 확인해야 할 사항의 하나가 무덤이 있는가? 있다면 과연 몇 개나 있고 "무연고 묘냐? 유연고 묘냐?"를 가려 보아야 한다.

무연고 묘란 오래 된 묘로서 이미 제사를 안 지내고, 모시는 후손이 없거나 알 수 없는 무덤이다. 최근에도 불법으로 남의 땅에 몰래 묻어 놓고 가버린 경우도 흔히 있다. 유연고 묘란 지금도 후손이 분묘를 관리하면서 제사를 모시고, 소유자가 누구인지 알 수 있는 묘지를 말한다. 무연고 묘냐, 유연고 묘냐는 분묘기지권과 이장절차와 보상비 등에서 차이가 있다,

모두 '장사 등에 관한 법률'에서 규정하고 있다.

무연고 묘는 3개월 이상 신문 등에 공고 후 주인이 나타나지 않으면 화장하여 유골을 납골당에 모시면 된다. 모두 산주山主가 부담하며 따로 보상비, 이장비 등이 없는 것은 당연하다. 유연고 묘는 3개월 이상 공고 후 주인이 나타난 경우나 미리 후손을 알고 있는 경우로서, 산주山主가 임의로 이장하지 못한다. 반드시 묘지의 주인과 타협하여 이장 절차를 밟아야 한다. 이때 후손에게 이장비와 보상비 등을 합의하여 지급하게 된다. 이때 만일 묘지의 주인이 분묘기지권이 있으면 그에 상응하는 대가를 더 지불하게 된다, 분묘기지권은 관습법상 법정지상권의 일종이다.

종중이 자기 공중 산에 조상의 묘지를 설치했다가 후에 타인에게 매각하는 경우 혹은 타인의 산에 그 승낙을 받아 묘지를 썼으나 후에 경매나 매매

등으로 그 산의 임자가 바뀐 경우 묘지의 주인은 분묘기지권을 갖게 된다. 분묘기지권이 있는 묘지는 산주라도 함부로 발굴 훼손하거나 이장할 수 없다. 일종의 관습법상 법정지상권이 인정되기 때문이다.

따라서 임야를 살 때는 반드시 묘지의 존재 여부, 상태 등을 확인하고, 매입대금 지급시 그 묘지의 처리문제 등을 감안해야 한다. 묘지 이장비, 보상비 등을 계산하여 매입대금에서 **빼는** 방법도 있고 등기를 이전하기 이전에 묘지를 이장하는 조건도 있을 수 있다.

임야의 투자가치 판독법

구분	세분	개념	토지이용
보전산지	산지전용 제한지역	공공의 이익증진을 위하여 보전이 특히 필요하다고 인정되는 산지	법에서 정한 예외적인 사항을 제외하고 토지의 1차적인 이용 또한 제한받음
	공익용 산지	임업생산과 함께 재해방지, 수자원보호, 자연생태계보전, 자연경관보전, 국민보건휴양증진 등의 공익기능을 위하여 필요한 산지	법에서 정한 예외적인 사항을 제외하고 토지를 1차적인 목적으로만 이용가능(농어가주택 신축불가)
	임업용 산지	산림자원의 조성과 임업경영기반의 구축등 임업생산기능의 증진을 위하여 필요한 산지	법에서 정한 예외적인 사항을 제외하고 토지를 1차적인 목적으로만 이용가능(농어가주택 신축가능
준보전산지		보전산지 이외의 산지	보전이 원칙이지만 제한적 개발 허용

개발이 가능한 산지는 21도 미만의 완경사여야 한다. 단, 입목본수와 연접개발제한에 주의해야 한다.

■ 사례 예시

투자대상지는 관리지역 내의 준보전산지이며 매도인은 3,000평 전체를 평당 20만 원에 매도하기를 원한다, 인근지역에서 유사한 거래 사례를 볼 수 없고 대상지와 유사한 입지의 전원주택용 토지의 가격은 평당 100만 원에 거래되고 있다.

토지개발 경험이 많은 투자자가 대상지의 입목본수도, 경사도, 연접개발 제한 등 개발시 제한요소들을 검토해본 결과 전체 3,000평 중 1,000평만이 개발(전용) 가능하고 토목측량설계사무소에서 구체적인 토목공사비와 인·허가 비용 견적을 받아본 결과 약 1억 원의 추가비용이 필요했다.

이 투자자는 예상수익률이 30%일 때 각종 금융비용 등을 감안한 실현수익률이 10% 정도라는 것을 경험적으로 알고 있었기 때문에 투자유무를 결정하는 예상수익률은 30%이다. 이 투자자의 투자결정 유무를 예상해보라.

■ 풀이

예상수익 = 총매출액 − 총비용(취득원가 + 취등록세 + 토목공사비 + 인허가비용)

총매출액 = 1,000평 X 100만 원 = 1,000,000,000 원

총비용 = 취득원가 + 취등록세 + 토목공사비 + 인허가비용

= (3,000평 X 20만 원)+(3,000평 X 20만 원 X 4.6%)+ 10,000만 원 = 72,760만 원

예상수익 = 100,000만 원 − 72,760만 원 = 27,240만 원

예상수익률 = 27,260만 원 ÷ 72,760만 원 = 37%

Chapter 5.
투자 측면에서의 농지와 임야 비교

현행법 28개 지목 중 농지와 임야가 85%

전·답·과수원의 지목을 가진 땅을 묶어서 농지라고 부르며, 농지는 농지법의 작용을 받는다. 농지에 목장용지를 합하여 농경지라고 부른다. 우리나라 국토에서 농지가 차지하는 비율은 대략 20%이며 임야는 65% 정도다. 농지와 임야의 면적을 합치면 전국토의 85%가 되는 셈이다.

지적법에 규정된 28개 지목 중 농지와 임야를 제외한 24개 지목의 면적 합계는 국토의 15%에 불과하다. 그 중에서도 활용이 곤란한 도로, 하천, 구거, 제방, 사적지 등을 제외하고 나면, 땅을 사서 개발하려고 할 때 찾게 되는 것은 기본적으로 농지와 임야일 수밖에 없는 것이다.

농지와 임야에 관한 기본법과 용도지역

농지에 관하여는 농지법이 기본법이며, 농업기반시설이나 농촌관광 등을 지원하는 농어촌정비법이 있다. 임야에 관하여는 산림자원의 조성 및 경영에 관한 법률과 산지관리법이 있으며, 국유림, 휴양림, 식물원, 산촌진흥

등에 관하여는 별도의 단행법에 세분화되어 있다.

임야는 지상의 입목을 포함하느냐 여부에 따라 통상 산지 혹은 산림 등으로도 불리며, 약간의 개념상 차이는 있으나, 대체로 같은 의미로 보면 된다. 그러나 목장용지나 초지는 임야와는 전혀 다른 지목으로서 달리 취급된다. 초지에 관하여는 별도의 '초지법'이 있다.

농지는 농지법 상 농업진흥지역 내 농지와 그 밖의 농지로 구분되며, 농업진흥지역은 다시 농업진흥구역과 농업보호구역으로 나누인다. 산지관리법 상 임야는 보전산지와 준보전산지로 분류되며, 보전산지는 다시 공익용산지와 임업용산지로 구분된다.

이러한 농지와 임야의 구분은 지목에 다른 특수한 용도지역으로 볼 수 있으며, 각 용도지역에 따라 농지나 산지로 보존하려는 강도와 개발이 가능한 행위 및 규모가 다르다. 그리고 대체로 농업진흥지역 내 농지와 보전산지는 국토계획법에서 농림지역에 포함시키고 있다. 반면에 농업진흥지역 밖의 농지와 준보전산지는 관리지역으로 분류하며, 이들 지역은 다시 관리지역 재분류 작업의 결과, 계획·생산·보전관리지역으로 세분화된다.

활용도 측면에서 농지와 임야

농지와 임야는 활용도와 개발대상 측면에서 커다란 차이가 있다. 농지는 통상 마을에 가까이 소재하고 지상에 큰 수목이 없으며, 대체로 경사도가 급하지 않아 개발이 용이하다. 따라서 농지는 농사를 짓는 목적 이외에도 전원주택을 짓거나, 관광농원이나 주말농장, 유실수 재배 등에 적합하다. 하천을 끼고 있거나 넓은 과수원을 활용하면 관광지의 조성이나 농어촌관광휴양단지로도 활용된다.

이에 비하여 임야는 수목이 울창한 산지로 형성되어 있기 때문에 버섯재배, 약초재배, 관상수 식재, 조림사업 등 임업생산은 물론 수목원과 자연휴양림 등 휴양시설로도 제격이다. 민가와 격리된 곳은 흑염소 꿩이나 양계장등 축사 신축과 동물 사육에도 적합하고, 그 외에도 공장, 창고, 연수원, 박물관 등을 건립하기 좋다. 콘도나 스키장 골프장 등의 레저타운은 대규모 임야에서만 가능하다. 근래에는 가족장과 수목장림에 대한 관심도 많아지고 있다.

투자 측면에서 농지와 임야

일반인의 투자가치로서 농지와 임야는 일장일단이 있어서 한마디로 이야기하기는 힘들다. 개인투자자를 기준으로 한다면, 농지는 규모가 작고 개발이 용이하여 소액투자에 적합하다. 농지는 일반인이 주말농장으로 쓰거나 농가주택이나 전원주택을 지을 수 있고, 귀농자에게는 일단 손쉽고 친숙하게 정착할 수 있는 장점이 있다고 볼 수 있다. 실제로 수도권의 작은 농지는 개인의 좋은 투자대상이 되고 있다.

이에 반해 임야는 대체로 농지에 비해 ㎡(평)당 단가는 싸지만, 면적과 규모가 커서 투자금액이 만만치 않으므로 개인투자자가 쉽게 접근할 수 없는 점이 있다. 개발에 관련된 규제도 많다. 그러나 기업체의 대규모 개발을 위한 투자대상이 되고, 개인의 상속용 투자재산으로 적합하다.

개발규제에 있어서 농지와 임야

농지와 임야를 개발하려는 경우에는 통상 개발행위허가 외에도 각기 농지전용과 산지전용이라는 지목변경의 절차를 거친다. 농지전용과 산지전용은 모두 심사 시에 국토계획법과 농지법, 산지관리법, 기타 개별법상 용도지역에서의 개발제한 및 건폐율, 용적률 등이 우선 검토 대상이 될 것이다. 그러나 양자는 그 구체적인 심사기준과 전용비용에서 많은 차이가 있다.

농지전용에서 심사기준으로는 무엇보다도 해당 농지의 보전 필요성 여부와 주변 농지에 대한 영향을 우선적으로 고려한다. 전용신청을 할 때 사전에 그 지역 농지관리위원회의 검토를 거치는 과정에서 사전심사가 이루어지고 난 후에 전용신청서가 공무원에 접수된다.

임야개발에 있어서는 산지전용시에 특히, 개발대상 임야의 경사도 및 고도제한, 입목본수도 등 산지전용심사기준이 까다롭기 때문에 개발이 쉽지 않다. 거기다가 임야에 독특한 산지관리법상의 연접개발제한이 있어서 자칫 인허가 자체를 받을 수 없는 위험한 경우도 생긴다. 또 660㎡(200평) 미만 단독주택을 임야에 지으려면 자기 소유의 임야에 한한다는 제한도 있다. 반면 농지의 경우에는, 타인의 농지에도 토지사용승낙을 받아 농지전용과 건축허가를 받아 집을 지을 수 있다.

개발에 따르는 비용 측면에서 양자를 비교해 보면 농지의 경우 농지전용을 할 때 부과하는 농지보전부담금은 ㎡ 당 개별공시지가의 30%로서, ㎡(평) 당으로만 보면, 산지전용에서 부과되는 대체 산림자원조성비보다 훨씬 많다. 그러나 임야의 대규모 산지전용에는 그 외에도 산지복구비 예치, 개발부담금 부과와 환경영향평가 시행 등의 부담이 따르므로, 단순히 임야의 경우가 더 싸다고 단언할 수는 없다. 또한 임야의 경우에는 부지를 조성하는 토목공사비나 기반시설 설치비용도 만만치 않으며, 공사시행 중 지역주민의 민원과 분쟁도 직지 않나.

농지(농지법)	경자유전원칙, 농지취득자격증명제도, 농업진흥지역, 농지전용제한
임야(산지관리법)	산지전용제한구역, 보전산지, 경사도/ 고도제한/ 입목본수도, 산지전용제한

관리 측면에서의 농지와 임야 비교

취득에 있어서 농지와 임야

농지를 취득할 때는 국가나 지자체의 경우를 제외하고는 반드시 농지취득자격증명을 받아야 하며, 거의 예외가 없다. 경매로 농지를 취득하는 경우에도 농취증을 받아야 한다. 농지소작제를 폐지하고, 농지는 농사를 짓는 이에게 돌아가야 한다는 헌법상 경자유전耕者有田의 이념에 따른 것이다. 오래 전에는 임야도 임야매매증명제도가 있었고, 분할 최소면적 제한규정도 있었으나 지금은 모두 폐지되었다.

농지나 임야 모두 토지거래허가구역 내에 소재하는 토지를 매입할 경우에는 취득 전에 토지거래허가를 받아야 한다. 허가조건으로는 외지인인 경우, 모두 구입자의 전세대가 주민등록을 이전하여 6개월 이상 실제로 거주해야 허가를 받을 수 있는 점은 동일하다. 그리고 농지의 경우에는 농업경영 목적, 임야의 경우에는 산림경영 목적이라는 실수요자 조건도 동일하다.

그러나 취득할 수 있는 주체로서 농지는 농업인이나 농업경영을 하려는 개인 혹은 농법법인 및 특수한 목적을 가진 법인만이 농지를 보유할 수 있다. 영리를 목적으로 하는 상법상 주식회사 등 일반법인은 농지를 취득할 수 없다. 이에 반하여 임야는 주식회사 등 일반법인도 제한 없이 취득할 수 있다. 농지와 임야 모두 취득할 수 있는 면적의 상한선은 없다.

사후관리의무에 있어서 양자의 차이

농지취득 후에는 엄격한 농업경영의 사후관리의무가 따르며, 이것을 자경의무라고 한다. 농지의 자경의무를 위반한 경우에는 이행강제금과 강제매수절차가 따른다. 임야에도 임업경영의무가 있긴 하나, 농지만큼 까다롭지 않아 대개는 문제가 되지 않는다. 경지정리된 농업진흥구역 내 농지는 2,000㎡ 아래로는 토지분할을 할 수 없다는 제한도 있다.

규제완화에 있어서 기본적인 차이

농지와 임야를 놓고 개발이나 투자대상으로 검토할 때 반드시 유의하여야 할 사항은 공법적 규제의 내용과 그 규제의 해제 완화 가능성이다. 수도권의 도시지역에 인접한 자연녹지지역이나 계획관리지역 안에 있는 농지 같은 것은 비교적 개발이 용이하다. 이런 지역은 향후 인구증가와 도시 확산에 대비하여 도시지역에의 편입을 예상하고 시가화예정용지로 편입되어 있는 경우가 많기 때문이다.

실제로 이런 땅은 세월이 흐르면서 규제가 완화되어 개발될 가능성이 많으므로 투자가치가 매우 높다고 할 수 있다. 반면 수도권이나 광역시 주변의 그린벨트 내에 있는 임야는 국가의 특별한 정책목적 외에는 개인적인 개발이 제한되어 있다고 할 수 있다. 그린벨트 임야와 상수원보호구역 보안림 사찰림 자연공원 자연생태계보호구역 백두대간 보호구역 등은 거의 모두 공익용 산지라는 보전산지로 지정되어 있다.

공익용 산지는 개인의 활용용도가 거의 없어서 개발은 물론 거래대상으로서도 기피 물건으로 인정된다. 임야투자에 있어서 특히 유의하여야 할 점인 것이다.

그러나 공익용 산지도 그린벨트 해제나 5년마다 있는 산지이용규제 타당성 검토와 도시관리계획 변경, 도로개설, 주변지역 개발 등으로 전부 또는 일부가 임업용 산지나 관리지역 혹은 도시지역 등으로 용도지역이 변경될 수 있으며, 그 용도제한도 완화가 될 수 있어서, 장기적으로는 투자대상이 될 수도 있다.

그러나 실제 임야경매나 투자 시에는 그 지역의 장기개발 전망과 규제변경 완화 가능성 등 투자 타당성에 대한 세밀한 검토가 절대적으로 필요할 것이다.

농지와 임야 과연 어느 것이 좋은가?

이상으로 농지와 임야의 개괄적인 차이를 보았다. 그러나 활용도나 개발목적과 투자대상으로 농지와 임야 중 어느 것이 좋다는 결론은 내릴 수 없다. 그것은 토지를 구입하는 이의 목적에 따라 달라질 수밖에 없는 것이기 때문이다. 토지경매를 하는 이들이나, 마찬가지로 귀농 혹은 전원생활을 하고자 하는 이들이 농지나 임야 중 어느 것을 선택하여야 하는 것은 실제 토지를 보유, 이용, 투자하려는 목적에 따라 판단하여야 할 문제라고 본다.

농지투자

① 장점

- 도시인의 전원주택지로서 일반적으로 선호하는 것이 농지(밭)이므로 임야에 비해 거래가 잘 된다.
- 비교적 작은 규모로서 적은 가격(5천만~2억)으로 일반인이 투자하기 적당하다.
- 이용과 개발이 용이하다.

② 단점

취득 후 사후 관리의무가 있어서 농사를 지어야 하는 부담이 있다.

임야투자

① 장점

- 단위면적(㎡, 평) 당 단가가 농지의 절반 이하이기 때문에 같은 돈으로 넓은 면적을 살 수 있다.
- 전원주택, 펜션, 창고, 공장, 연수원, 골프장 등 다양한 개발이 가능하다.
- 매입 후에 유지비용이 들지 않아 상속, 가족 산 등 장기보유에 적합하다.

② 단점

- 산지와 임야에 대하여는 물, 경관, 환경 등의 규제가 까다로워 일반인의 개발이 용이하지 않다.
- 초보자는 자칫 개발하지 못할 임야를 구입할 수 있어 리스크가 크다. 분묘, 경사도, 연접개발제한 등 개발에 결정적인 걸림돌이 많다.

– 일반적으로 수 억 단위로 투자 규모가 커서 투자비가 많이 들고 거래
  가 어렵다.

이인수 소장의 토지투자 완전정복

3년 3배 오르는 땅투자 투시경

지은이 이인수

발행일 2019년 3월 27일

펴낸이 양근모

발행처 도서출판 청년정신 ◆ **등록** 1997년 12월 26일 제 10—1531호

주 소 경기도 파주시 문발로 115 세종출판벤처타운 408호

전 화 031)955—4923 ◆ **팩스** 031)955—4928

이메일 pricker@empas.com